Marie Kondo

Magia sprzątania

MUZA SA

Tytuł oryginału: ***The Life-Changing Magic of Tidying***

Przekład: *Magdalena Macińska*
Projekt okładki: & Visual / www.andvisual.pl
Redaktor prowadzący: *Bożena Zasieczna*
Redakcja techniczna: *Sylwia Rogowska-Kusz*
Korekta: *Zespół*

ISBN 978-83-7758-982-3

MUZA SA
Warszawa 2015

Spis treści

Rozdział trzeci

JAK SPRZĄTAĆ WEDŁUG KATEGORII

Rozdział czwarty
OD PRZECHOWYWANIA RZECZY DO ŻYCIA PEŁNEGO PASJI

Rozdział piąty
MAGIA SPRZĄTANIA RADYKALNIE ZMIENI TWOJE ŻYCIE

PRZEDMOWA

Czy kiedykolwiek sprzątałaś z zapałem, ale wkrótce w twoim domu albo w miejscu pracy znów zapanował bałagan? Jeżeli tak, to pozwól, że podzielę się z tobą receptą na sukces. W tej książce pokazuję, w jaki sposób sprzątnąć przestrzeń, aby życie zmieniło się na zawsze. Sądzisz, że to niemożliwe? Często spotykam się z taką reakcją i nie jestem nią zaskoczona, biorąc pod uwagę fakt, że po sprzątnięciu swojego domu prawie każdy przynajmniej raz, jeżeli nie wielokrotnie, doświadczył „efektu nawrotu".

Metoda KonMari to prosty i skuteczny sposób na pozbycie się bałaganu raz na zawsze. Zacznij od wyrzucania rzeczy. Następnie starannie zaaranżuj swoją przestrzeń. Wszystko to powinno odbyć się za jednym razem. Jeżeli przyjmiesz taką strategię, nigdy już nie wrócisz do bałaganu. Mimo że podejście to przeczy konwencjonalnym radom, każdemu, kto w pełni zastosował metodę KonMari, udało się utrzymać porządek w domu. Przyniosło to także zaskakujące rezultaty. Uporządkowanie domu wpływa pozytywnie na wszystkie sfery życia, w tym pracę i rodzinę.

Poświęciłam 80 procent życia temu tematowi i jestem przekonana, że sprzątanie może przemienić również twoje życie.

Czy brzmi to za dobrze, żeby mogło być prawdziwe? Jeżeli sprzątanie wyobrażasz sobie jako pozbywanie się jednej niepotrzebnej rzeczy dziennie albo doprowadzanie pokoju do porządku po troszeczku, to masz rację. Takie działanie nie wpłynie zbytnio na twoje życie. Jeżeli jednak zmienisz swoje podejście, sprzątanie wniesie w twoje życie diametralne zmiany. Tak naprawdę na tym polega uporządkowanie domu.

Zaczęłam czytać czasopisma dla gospodyń domowych w wieku pięciu lat. Właśnie to zainspirowało mnie w wieku 15 lat do zajęcia się porządkowaniem i odgracaniem przestrzeni, dzięki czemu powstała Metoda KonMari (KonMari to moje przezwisko, które powstało ze zbitki imienia i nazwiska). Obecnie jestem konsultantką i większość czasu spędzam w domach i biurach moich klientów. Udzielam praktycznych rad ludziom, którzy mają trudności ze sprzątaniem, którzy sprzątają, ale wracają do bałaganienia lub też którzy chcą posprzątać, ale nie wiedzą, od czego zacząć.

Ilość rzeczy wyrzuconych przez moich klientów – zaczynając od ubrań, bielizny, przez zdjęcia, długopisy, wycinki z gazet i próbki kosmetyków do makijażu z pewnością przekroczyła milion. To nie jest przesada. Niektórzy z moich klientów za jednym razem wyrzucili 200 45-litrowych worków.

Na podstawie moich doświadczeń ze sztuką organizowania przestrzeni i pomagania niezorganizowanym ludziom osiągnąć porządek, jedno mogę powiedzieć z całym przekonaniem: radykalna reorganizacja domu przekłada się na rewolucyjną zmianę stylu życia i perspektywy na przyszłość. Pozwala zmienić życie. Mówię to z pełną powagą. Oto kilka wypowiedzi, spośród wielu wiadomości, które otrzymuję codziennie od moich byłych klientów:

Po twoim kursie zrezygnowałam z pracy i założyłam własną działalność w dziedzinie, o której marzyłam od dziecka.

Na twoim kursie nauczyłam się rozróżniać, czego potrzebuję, a czego nie. Zdecydowałam się na rozwód. Teraz czuję się dużo szczęśliwsza.

Ktoś, z kim dawno chciałam nawiązać kontakt, odezwał się do mnie.

Z radością donoszę, że od czasu, gdy posprzątałam mieszkanie, znacznie zwiększyłam swoją sprzedaż.

Mój mąż i ja o wiele lepiej się dogadujemy.

Jestem zdumiony, że samo wyrzucenie rzeczy tak bardzo mnie zmieniło.

Wreszcie straciłam trzy kilo.

Od moich klientów bije radość, a po efektach widać, że sprzątanie zmieniło ich sposób myślenia i podejście do życia. Tak naprawdę zmieniło też ich przyszłość. Dlaczego? Na to pytanie odpowiem dokładnie w książce, ale w skrócie można powiedzieć, że kiedy porządkujesz swój dom, porządkujesz jednocześnie swoje sprawy i swoją przeszłość. Widzisz jaśniej, czego potrzebujesz w życiu, a czego nie i co powinieneś robić, a czego nie.

Klientom indywidualnym oferuję zajęcia w domu, a właścicielom firm – w biurze. Są to prywatne, indywidualne lekcje, a jednak wciąż nie brakuje mi klientów. Obecnie jest trzymiesięczna lista oczekujących na zajęcia ze mną i codziennie dostaję zapytania od osób, którym polecił mnie były klient lub które dowiedziały się o kursie od kogoś innego. Jeżdżę z jednego końca Japonii na drugi, a czasem za granicę. Bilety na moje publiczne wystąpienia [dla gospodyń domowych i matek] sprzedają się w jeden wieczór. Jest lista oczekujących, żeby dostać się na bezpośrednią listę oczekujących. A jednak nikt nie wraca do mnie na powtórny kurs. Z perspektywy biznesowej mogłoby to się wydawać fatalnym błędem. A może to właśnie stąd bierze się sekret popularności mojej metody?

Tak jak wspominałam na początku, osoby, które stosują metodę KonMari, nie wracają już do bałaganu. Są w stanie utrzymać porządek, więc nie potrzebują kolejnych lekcji. Od czasu do czasu sprawdzam, jak radzą sobie absolwenci moich kursów. W prawie każdym przypadku nie tylko ich dom i biuro są nadal wysprzątane, ale i wprowadzają tam dalsze usprawnienia. Ze zdjęć jasno widać, że mają po ukończeniu kursu mniej rzeczy, ale także, że zakupili nowe zasłony i meble. Są otoczeni rzeczami, które kochają.

Dlaczego mój kurs zmienia ludzi? Ponieważ proponuję coś więcej niż tylko określoną technikę. Sztuka sprzątania to seria prostych czynności, w czasie których przedmioty są przesuwane z jednego miejsca do drugiego. Obejmuje to umieszczenie rzeczy tam, gdzie powinny być. Wydaje się to tak proste, że nawet sześciolatek mógłby to zrobić. A jednak większość ludzi tego nie potrafi. Kiedy tylko skończą sprzątać, w ich przestrzeń znowu wkracza nieład. Nie jest to kwestia braku umiejętności, chodzi tu raczej o brak świadomości i nieumiejętność skutecznego sprzątania. Innymi słowy, sedno problemu tkwi w myśleniu. Sukces w 90 procentach zależy od naszego nastawienia mentalnego. Poza garstką szczęśliwców, którym organizowanie przychodzi naturalnie, jeżeli nie zajmiemy się tym aspektem, to nawrót nastąpi, bez względu na to, ile rzeczy wyrzucilibyśmy czy też, jak sprytnie wszystko zorganizowali.

W jaki sposób można nabrać właściwego nastawienia? Jest tylko jeden sposób i paradoksalnie dzieje się to przez opanowanie właściwej techniki. Pamiętaj, że metoda KonMari, której poświęcona jest moja książka, to nie tylko zbiór porad na temat sortowania, organizowania i układania rzeczy. To droga do właściwego nastawienia do porządku i stania się osobą, która potrafi go utrzymać.

Nie twierdzę, że wszyscy moi uczniowie opanowali sztukę sprzątania. Niektórzy musieli, niestety, zrezygnować z takiego czy innego powodu przed ukończeniem kursu. Niektórzy zrezygnowali, ponieważ oczekiwali, że wykonam za nich całą pracę. Jako fanatyczka organizowania i profesjonalistka muszę powiedzieć od razu, że niezależnie jak bardzo bym się starała zorganizować czyjąś przestrzeń i jaki wymyśliłabym doskonały system przechowywania rzeczy, nigdy nie zaprowadzę pełnego porządku w cudzym domu. Dlaczego? Ponieważ świadomość danej osoby i jej perspektywa na życie jest o wiele ważniejsza, niż jakakolwiek umiejętność sortowania, przechowywania czy jakakolwiek inna. Porządek zależy od osobistych wartości, którymi chcemy się kierować.

Większość ludzi wolałoby żyć w uporządkowanym i czystym domu. Każdy, kto choć raz posprzątał, chciałby utrzymać ten stan. Wiele osób nie wierzy jednak, że jest to możliwe. Próbują różnych metod, ale wracają do poprzedniego stanu. Jestem jednak przekonana, że każdy jest w stanie utrzymać porządek.

Trzeba jednak zmienić swoje zwyczaje i przekonania na temat sprzątania. Być może brzmi to jak zapowiedź zbyt dużego wysiłku, ale nie martw się. Kiedy skończysz czytać książkę, będziesz chętny i gotowy do działania. Często słyszę, że ktoś mówi, że jest niezorganizowany z natury albo że nie potrafi czy też nie ma czasu. Jednakże bałaganiarstwa się nie dziedziczy. Nie jest ono także związane z brakiem czasu. To raczej nagromadzenie błędnych przekonań o sprzątaniu, takich jak: „najlepiej zająć się na raz jednym pokojem" albo „lepiej sprzątać co dzień po trochu", lub też „sposób przechowywania zależy od przemieszczania się po domu".

W Japonii uważa się, że posprzątanie domu oraz utrzymywanie czystości w toalecie przynosi szczęście. Jeżeli twój dom jest zagracony, to efekty szorowania toalety będą minimalne. To samo odnosi się do praktyki *feng shui*. Dopiero kiedy uporządkujesz dom, twoje meble i ozdoby wrócą do życia.

Kiedy skończysz sprzątać moją metodą, twoje życie zmieni się radykalnie. Doświadczywszy tego, co to znaczy mieć wysprzątany dom, poczujesz, jak twoje życie nabiera blasku. Nie wrócisz do bałaganu. To właśnie nazywam magią sprzątania, porządkowania. Jej efekty są zdumiewające. Nie tylko już nigdy nie będziesz bałaganić, ale i zaczniesz nowe życie. To jest magia, którą pragnę podzielić się z jak największą liczbą ludzi.

ROZDZIAŁ PIERWSZY

CZEMU NIE POTRAFIĘ UTRZYMAĆ PORZĄDKU W DOMU?

Nie posprzątasz, jeżeli nie nauczysz się, jak to robić

Kiedy opowiadam ludziom, że zawodowo uczę innych tego, jak sprzątać, patrzą na mnie z niedowierzaniem. „Czy naprawdę da się na tym zarobić?" – to pytanie pada jako pierwsze. A zaraz potem: „czy ludzie naprawdę potrzebują lekcji ze sprzątania?".

Na rynku dostępne są zajęcia z gotowania, ogrodnictwa, jogi czy medytacji, ale trudno znaleźć lekcje sprzątania. Uważamy, że sprzątania nie trzeba się uczyć, że jest to czynność nabywana w sposób naturalny. Techniki gotowania oraz przepisy są przekazywane z pokolenia na pokolenie, natomiast nie przekazuje się tajemnej wiedzy o sprzątaniu, nawet w obrębie tego samego gospodarstwa domowego.

Cofnij się myślami do swojego dzieciństwa. Większość z nas było łajanych za nieporządek w pokoju, ale ile z nas rodzice świadomie uczyli, jak sprzątać?

Rodzice wymagali od nas sprzątania, ale ich też nikt nie uczył, jak to należy robić. W zakresie robienia porządków każdy z nas jest samoukiem.

Nauka sprzątania jest zaniedbywana nie tylko w domu, ale i w szkole. Na zajęciach z ekonomiki gospodarstwa domowego w Japonii i na świecie można nauczyć się szycia np. fartucha, ale w ogóle nie poświęca się czasu na naukę sprzątania.

Jedzenie, schronienie i ubranie zaliczane są do najbardziej podstawowych ludzkich potrzeb, można by więc założyć, że to, gdzie mieszkamy, jest równie ważne jak to, co jemy i nosimy na sobie. A jednak w większości społeczeństw sprzątanie – praca, dzięki której dom nadaje się do życia – jest traktowane z pobłażaniem, ponieważ panuje mylne przeświadczenie, że tę podstawową umiejętność nabywa się poprzez doświadczenie i nie wymaga ona specjalnego treningu.

Czy ludzie, którzy sprzątają od wielu lat, robią to lepiej? Odpowiedź brzmi: „nie". Dwadzieścia pięć procent moich uczennic to kobiety po pięćdziesiątce, a w większości to osoby, które prowadzą dom od ponad trzydziestu lat, są więc weterankami sprzątania. Jednak czy to sprawia, że sprzątają lepiej niż kobiety, które mają po dwadzieścia kilka lat? Jest na odwrót. Wiele z nich przez tyle lat stosuje konwencjonalne podejście, które nie działa, powodując, że ich domy pękają w szwach od niepotrzebnych przedmiotów, a one same bezskutecznie starają się utrzymać nieład pod kontrolą. Jak można oczekiwać, że będą one umiały sprzątać, skoro nigdy wcześniej nie miały okazji nauczyć się tego?

Nie zniechęcaj się, nawet jeżeli nie wiesz, jak sprzątać skutecznie. Przyszedł czas na naukę. Poznając i stosując metodę KonMari opisaną w tej książce, możesz wydostać się z zaklętego kręgu nieładu.

Posprzątaj raz, a dobrze

„Biorę się za sprzątanie, kiedy już w końcu zdam sobie sprawę, jak bardzo nieporządnie wygląda mój dom, ale ani się obejrzę, a znowu wszędzie panuje bałagan". Często słyszę taką skargę, a w działach z poradami można znaleźć następującą: „Nie sprzątaj od razu całego domu. W ten sposób nie utrzymasz porządku, a bałagan szybko powróci. Sprzątaj dom po trochu". Na tę mantrę natknęłam się po raz pierwszy, kiedy miałam 5 lat. Byłam środkowym dzieckiem z trójki rodzeństwa i wychowano mnie w duchu swobody. Mama zajmowała się moją nowo narodzoną siostrą, a mój brat, który był ode mnie dwa lata starszy, był stale zajęty grami komputerowymi. Spędzałam zatem większość czasu pozostawiona sama sobie.

Z czasem moim ulubionym zajęciem stało się czytanie magazynów dla gospodyń domowych. Moja matka prenumerowała *ESSE* – magazyn, w którym pełno było artykułów na temat wystroju wnętrz, porad o tym, jak usprawnić prace domowe, oraz recenzji produktów. Kiedy tylko magazyn przychodził pocztą, przechwytywałam go ze skrzynki, jeszcze zanim moja matka zorientowała się, że dotarł, zdzierałam opakowanie i zagłębiałam się w jego treść. W drodze ze szkoły do domu lubiłam zatrzymywać się w księgarni i oglądać *Orange Page*, popularny japoński magazyn kulinarny. Nie byłam w stanie wszystkiego przeczytać, ale magazyny ze zdjęciami pysznych potraw, niezwykłych rad, jak wywabić plamy i oszczędzić pieniądze, były dla mnie równie fascynujące, jak przewodniki po grach dla mojego brata. Zaginałam róg strony, która przyciągnęła moją uwagę i marzyłam o wypróbowaniu porad.

Wymyślałam również w samotności różne gry. Na przykład pewnego dnia po przeczytaniu artykułu o oszczędzaniu pieniędzy, natychmiast rozpoczęłam grę w „oszczędzanie energii", która polegała na bieganiu po domu i wyciąganiu z kontaktu wtyczek urządzeń, które nie były w użyciu, chociaż nie wiedziałam nic o elektryczności ani o licznikach prądu. Po przeczytaniu innego artykułu napełniłam butelki wodą i włożyłam je do spłuczki klozetowej w ramach „solowego konkursu na oszczędzanie wody". Artykuły o przechowywaniu rzeczy zainspirowały mnie do przerobienia kartonów na mleko na przegródki do szuflad w biurku oraz do zrobienia stojaka na korespondencję z pustych pudełek po kasetach wideo wetkniętych pomiędzy dwie ścianki mebli. W szkole, podczas gdy inne dzieci bawiły się w berka albo skakały przez gumę, ja wymykałam się do klasy, żeby zmieniać układ półek albo sprawdzić zawartość szafki ze środkami czystości, mrucząc pod nosem coś na temat kiepskich metod przechowywania. „Gdyby tylko ktoś tu zawiesił haczyk w kształcie litery s, dużo łatwiej by się korzystało z tej szafki".

Jednak był pewien problem, który wydawał się nie do pokonania: niezależnie od tego, ile czasu poświęciłam na sprzątanie, wkrótce każdy kawałek przestrzeni był znowu zagracony. Podziałki z kartonów po mleku szybko zapełniły się długopisami. Stojak na listy z kaset wideo był tak przepełniony listami i gazetami, że spadały na podłogę. Kiedy uczymy się gotować lub szyć, praktyka czyni z nas mistrza, ale chociaż sprzątanie jest także czynnością domową, to niezależnie od tego, ile bym sprzątała, wkrótce wracał bałagan.

„Nic się na to nie poradzi" – pocieszałam sama siebie. „Bałagan po prostu powraca. Jeżeli zrobię wszystko od razu, to się zniechęcę". Wielokrotnie czytałam to stwierdzenie w artykułach o sprzątaniu i sądziłam, że to prawda. Gdybym miała wehikuł czasu, odwiedziłabym dawną siebie i powiedziała: „To nieprawda. Jeżeli zastosujesz odpowiednie podejście, to nieład nie wróci".

Większość ludzi myśli o nawrotach w kontekście diet. W odniesieniu do sprzątania także ma sens. Wydawałoby się, że nagła eliminacja nadmiaru przedmiotów będzie miała taki sam efekt, jak drastyczne zmniejszenie liczby kalorii – być może nastąpi chwilowa poprawa, ale nie na długo. To pozory. Z chwilą gdy zaczniesz przesuwać meble i pozbywać się rzeczy, pokój zacznie się zmieniać. To bardzo proste. Jednorazowe, ale gruntowne porządki sprawią, że dom będzie całkowicie wysprzątany. Bałagan wraca w sytuacjach, gdy komuś się wydaje, że posprzątał dokładnie, a tymczasem tylko częściowo poukładał rzeczy. Wysprzątaj dom porządnie, stosując moją metodę, a nieład nie powróci, niezależnie od tego, czy jesteś z natury leniwy i czy jesteś bałaganiarzem.

Sprzątaj co dzień po trochu, a będziesz robić to bez końca

A co zrobić z sugestią, że powinno się codziennie sprzątać po trochu? Chociaż brzmi to przekonująco, nie pozwól się zwodzić. Porządkując dom po trochu, nigdy nie wysprzątasz go całkowicie.

Bardzo trudno jest zmienić zwyczaje i styl życia po wielu latach. Jeśli do tej pory nie wychodziło ci utrzymywanie porządku, to nie wprowadzisz zasady sprzątania codziennie po trochu. Nie da się zmienić nawyków bez zmiany myślenia. A to niełatwe! W końcu niełatwo kontrolować swoje myśli. Istnieje jednak sposób na całkowitą zmianę myślenia o sprzątaniu.

Temat sprzątania przyciągnął moją uwagę w gimnazjum. Natrafiłam wtedy na książkę *The Art of Discarding* („Sztuka pozbywania się rzeczy") i kupiłam ją któregoś dnia, wracając ze szkoły, zaintrygowana nieznanym mi tematem. Do dziś pamiętam dreszcz podniecenia, który odczułam podczas czytania w pociągu. Byłam tak pochłonięta lekturą, że prawie przegapiłam swoją stację. Kiedy dotarłam do domu, zaraz poszłam do pokoju ze stosem worków i zamknęłam się na kilka godzin. Mimo że miałam mały pokój, kiedy skończyłam selekcję, zdołałam wypełnić rzeczami 8 worków: ubraniami, których od dawna nie nosiłam, podręcznikami z podstawówki, zabawkami, którymi nie bawiłam się od lat, kolekcją gumek i pieczątek. Dawno zapomniałam o istnieniu większości z tych przedmiotów. Siedziałam bez ruchu na podłodze przez godzinę, wpatrując się z niedowierzaniem w piętrzący się stos worków. „Po co w ogóle ja to wszystko trzymałam?"

Byłam zdumiona, jak inaczej wyglądał mój pokój. Po zaledwie kilku godzinach takiego porządkowania widziałam fragmenty podłogi, które wcześniej były ukryte. Pokój był całkowicie odmieniony, a powietrze wydawało się bardziej rześkie. Mój umysł pracował jaśniej. Zdałam sobie sprawę, że sprzątanie może mieć o wiele większy efekt, niż bym przypuszczała. Pod wpływem zmian, od tego dnia przeniosłam swoją uwagę z gotowania i szycia, które jak dotąd sądziłam, są istotą prac domowych, na sztukę sprzątania.

Sprzątanie przynosi widoczne efekty, a recepta na sukces jest następująca: posprzątaj wszystko za jednym zamachem, a całkowicie zmienisz swoje nastawienie. Przyniesie to głęboką zmianę nie tylko na poziomie emocji, ale i w sposobie myślenia oraz w stylu życia. Moi klienci nie wyrabiają w sobie nawyku stopniowego sprzątania. Każdy z nich uwalnia się od nadmiaru rzeczy w momencie, gdy zacznie maraton sprzątania. Właściwe podejście pozwala zapobiec nawrotowi bałaganu.

To nie pomieszczenia ani też rzeczy są przyczyną powracania bałaganu, a sposób myślenia. Nawet jeżeli początkowy poziom motywacji jest wysoki, to wysiłki z czasem słabną. Jest to spowodowane brakiem poczucia skuteczności i widocznych efektów. To właśnie dlatego sukces zależy od natychmiastowych i wymiernych rezultatów. Wybór właściwej metody i skupienie wysiłku na wyeliminowaniu nadmiaru przedmiotów w krótkim czasie przyniosą natychmiastowe rezultaty, które dadzą ci motywację do utrzymania porządku już na zawsze. Każdy, kto tego doświadczy, niezależnie od tego, kim jest, już nigdy nie powróci do bałaganu.

Dąż do doskonałości

„Nie sil się na doskonałość. Zacznij powoli i wyrzucaj jedną rzecz dziennie". Te słowa działają jak balsam na tych, którym brakuje wiary w umiejętność sprzątania albo którzy wierzą, że nie mają wystarczająco dużo czasu, żeby dokładnie wykonać zadanie. Na powyższą radę natykałam się w każdej publikacji o sprzątaniu, jaka trafiła w moje ręce. Dałam się na nią nabrać. Nie widziałam jednak długotrwałych efektów sprzątania i zaczynałam wątpić w jego dobroczynną moc. To stwierdzenie wydawało się mieć sens. Doskonałość może na samym początku onieśmielać. Poza tym, tak naprawdę, nie da się osiągnąć doskonałości. Wyrzucając jedną rzecz dziennie, mogłam do końca roku pozbyć się 365 rzeczy.

Byłam przekonana, że odkryłam bardzo praktyczną metodę. Natychmiast więc zaczęłam ją stosować. Otworzyłam szafę i zastanowiłam się, co mogę wyrzucić tego dnia. Zobaczyłam koszulkę, której już nie nosiłam, więc wrzuciłam ją do worka. Zanim się położyłam spać, otworzyłam szufladę biurka i odkryłam zeszyt, który wydawał mi się infantylny. Włożyłam go do torby. Zauważyłam też inny notatnik i pomyślałam, że go nie potrzebuję. Zanim go jednak wyrzuciłam, zatrzymałam się. „Mogę to zostawić i wyrzucić dopiero jutro" – pomyślałam. I rzeczywiście poczekałam do rana. Dwa dni później zapomniałam o sprzątaniu, więc następnego dnia wyrzuciłam dwie rzeczy...

Szczerze mówiąc, nie trwało to dłużej niż dwa tygodnie. Nie jestem typem osoby, która dane zadanie wykonuje powolutku, krok po kroku. Dla osób takich jak ja, które wszystko robią na ostatnią chwilę, takie podejście się nie sprawdza. Poza tym wyrzucanie jednego przedmiotu dziennie, nie zmieni faktu, że robiąc zakupy, potrafię kupić kilka przedmiotów jednocześnie. W rezultacie tempo pozbywania się przedmiotów było wolniejsze od tempa, w którym nabywałam coś nowego i znowu musiałam przyjąć do wiadomości, że moja przestrzeń jest zawalona rzeczami. Wkrótce porzuciłam zasadę wyrzucania jednego przedmiotu dziennie.

Tak więc zaręczam ci na podstawie własnego doświadczenia, że nigdy nie posprzątasz domu, jeżeli angażujesz się połowicznie. Jeżeli, tak jak ja, nie jesteś typem osoby konsekwentnej i pracowitej, radzę ci ten jeden raz za swój cel obrać doskonałość. Wiele osób kwestionuje użyte przeze mnie słowo „doskonałość", twierdząc, że to cel niemożliwy do osiągnięcia. Ale nie martw się. W końcu sprzątanie to tylko czynność fizyczna. Prace wykonywane w ramach sprzątania można podzielić na dwa rodzaje: podjęcie decyzji, czy coś wyrzucić, oraz gdzie to umieścić. Jeżeli tylko potrafisz to zrobić, możesz osiągnąć doskonałość. Przedmioty można policzyć. Wystarczy spojrzeć na każdą rzecz osobno i zdecydować, czy ją zatrzymać, czy nie, oraz gdzie ją umieścić. Tylko tyle trzeba, żeby wypełnić to zadanie. Doskonałe sprzątanie to nic trudnego i jest możliwe za jednym zamachem. Każdy jest w stanie je zrobić. Jeżeli chcesz uniknąć powrotu bałaganu, jest na to jeden sposób.

Chwila, w której zaczynasz zmieniać swoje życie

Czy kiedykolwiek w noc przed egzaminem nie byłaś w stanie się uczyć i zaczynałaś gorączkowo sprzątać? Przyznaję, że mi się to przydarzyło i to nie raz. Wyrzucałam do kosza stosy papierów zalegających na biurku. Nie mogłam się powstrzymać i zaczynałam układać na półce walające się po podłodze podręczniki i notatki. Wreszcie otwierałam szufladę i brałam się za porządkowanie przyborów do pisania. Zanim się obejrzałam, była już druga w nocy. Ogarniała mnie senność i zrywałam się o 5:00 rano. Dopiero wtedy w stanie paniki otwierałam podręcznik i brałam się za naukę.

Sądziłam, że ten pęd do sprzątania przed egzaminami, to moje dziwactwo, ale po tym, jak spotkałam inne osoby, które robią podobnie, zdałam sobie sprawę, że jest to powszechne zjawisko. Wielu ludzi odczuwa naglącą potrzebę sprzątania, kiedy są pod presją, na przykład przed egzaminem. Jednakże nie chodzi tak naprawdę o sprzątanie pokoju. Tak się dzieje, gdyż „coś innego" wymaga uporządkowania. Mózg domaga się nauki, ale kiedy tylko dostrzega zagraconą przestrzeń, jego uwaga przenosi się na robienie porządku. Tuż po ustaniu kryzysu pęd do sprzątania mija, co jest dowodem na słuszność tej teorii. Kiedy już jest po egzaminach, zapał do sprzątania opada i wszystko wraca do normy.

Wszystkie myśli o sprzątaniu ulatują. Czemu? Ponieważ problem, któremu trzeba było stawić czoło – uczenie się do egzaminu – już jest rozwiązany.

To nie oznacza, że sprzątanie pokoju uspokaja zaaferowany umysł. Może ono chwilowo poprawić samopoczucie, ale jest to tymczasowa ulga, gdyż tak naprawdę nie zajęłaś się prawdziwą przyczyną niepokoju. Jeżeli poprzestaniesz tylko na chwilowej poprawie samopoczucia, jaką przynosi posprzątanie fizycznej przestrzeni, nigdy nie rozpoznasz potrzeby oczyszczenia przestrzeni emocjonalnej. Tak właśnie było w moim przypadku. Skupiałam się na chwilowej potrzebie wprowadzenia ładu w pokoju i tak dużo czasu zajmowało mi zabranie się do nauki, że nie uzyskiwałam dobrych ocen.

Wyobraźmy sobie nieuporządkowany pokój. Bałagan nie powstaje sam. To ty, jako mieszkaniec pokoju, bałaganisz. Jest takie porównanie: „Nieuporządkowany pokój podobny jest do umysłu, w którym panuje zamęt". Ja patrzę na to w ten sposób: nieporządek w pokoju przejawia się nie tylko w fizycznej przestrzeni. Widoczny nieład odwraca naszą uwagę od jego prawdziwego źródła. Bałaganienie odwraca naszą uwagę od prawdziwego źródła chaosu. Jeżeli w czystym pokoju nie czujesz się odprężona, spróbuj zmierzyć się ze swoim poczuciem niepokoju. Łatwiej będzie ci określić jego przyczynę. W uporządkowanym pokoju nie będziesz miała wyboru i będziesz musiała przyjrzeć się swoim wewnętrznym stanom. Widać wtedy wszystkie sprawy, których unikałaś i którym powinnaś stawić czoło. Od momentu, kiedy zaczniesz sprzątać, poczujesz motywację do przestawienia swojego życia na nowe tory. Twoje życie zacznie się zmieniać. To dlatego uprzątnięcie domu powinno odbyć się sprawnie. Pozwoli ci zająć się naprawdę ważnymi sprawami. Sprzątanie to tylko narzędzie, a nie ostateczny cel. Kiedy tylko w domu zapanuje porządek, twoim prawdziwym celem powinno być wprowadzenie upragnionych zmian w życiu.

Eksperci od magazynowania rzeczy to zbieracze

Jaki pierwszy problem przychodzi ci do głowy, kiedy myślisz o sprzątaniu? Wielu ludzi mówi o przechowywaniu rzeczy. Moi klienci często pytają, co i gdzie przechowywać. Rozumiem, skąd bierze się to pytanie, ale niestety, to nie jest sedno sprawy. Określenie „magazynowanie" jest mylące. W artykułach na temat skutecznego przechowywania rzeczy czy też w opisach na pojemnikach do ich magazynowania pojawiają się stwierdzenia, jak prosto można uporządkować rzeczy: „błyskawicznie zorganizuj przestrzeń w domu", bądź „szybkie i łatwe sprzątanie". Natura ludzka lubi proste rozwiązania i większość ludzi skwapliwie korzysta z metod przechowywania, które obiecują łatwe sposoby na pozbycie się nadmiaru. Przyznaję, że i ja ulegałam mitowi magazynowania rzeczy.

Jako zapalona czytelniczka poradników dla gospodyń domowych, kiedy tylko czytałam artykuł na temat przechowywania i układania rzeczy, natychmiast starałam się wprowadzić wskazania w życie. Robiłam szuflady z pudełek po chusteczkach i rozbijałam świnkę skarbonkę, żeby kupić zmyślne gadżety do przechowywania rzeczy. W gimnazjum w drodze ze szkoły wstępowałam do sklepu z artykułami do majsterkowania, żeby sprawdzić najnowsze produkty. Kiedy byłam w liceum, zadzwoniłam nawet do twórcy intrygujących przedmiotów i nakłoniłam recepcjonistkę, żeby opowiedziała mi historię ich powstania. Skrupulatnie wykorzystywałam te produkty, żeby zorganizować przestrzeń wokół siebie. Potem podziwiałam moje dzieło, zadowolona z udogodnień, które udało mi się wprowadzić. Na podstawie moich doświadczeń mogę z całym przekonaniem stwierdzić, że metody przechowywania i układania przedmiotów nie rozwiązują problemu nadmiaru rzeczy. To bardzo powierzchowne rozwiązanie.

Kiedy wreszcie poszłam po rozum do głowy, przekonałam się, że mój pokój wcale nie wygląda na uporządkowany, chociaż pełen był stojaków, regałów, przegródek w szufladach i różnych innych pomocy. „Dlaczego mój pokój jest zagracony, mimo że tak ciężko pracowałam, żeby uporządkować i ułożyć swoje rzeczy?" – zastanawiałam się. Wpatrywałam się rozpaczliwie w zawartość każdego „cud-rozwiązania", aż doznałam przebłysku olśnienia. Wcale nie potrzebowałam większości z tych przedmiotów. Wydawało mi się, że sprzątam, a marnowałam czas, upychając głębiej przedmioty i chowając rzeczy, których wcale nie potrzebowałam. Odkładanie rzeczy na swoje miejsce stwarza pozory rozwiązania problemu bałaganu. Jednak, prędzej czy później, zakupione pudła i szafki znów są pełne, a pokój zapchany po brzegi. Trzeba wymyślić jakąś nową metodę magazynowania i wpadamy w błędne koło. Sprzątanie musimy więc zacząć od pozbywania się rzeczy. Potrzebna jest samokontrola i wstrzymanie się od magazynowania przedmiotów, dopóki nie określimy, co tak naprawdę chcemy zachować.

Sortuj, kierując się kategorią przedmiotu, a nie jego lokalizacją

Moje studium sprzątania zaczęło się na dobre, kiedy byłam w gimnazjum. Codziennie sprzątałam jedno miejsce – mój pokój, pokój siostry, łazienkę. Codziennie planowałam, co posprzątać, i rozpoczynałam jednoosobowe kampanie, które przypominały akcje wyprzedaży. „Piąty dzień miesiąca to dzień salonu!" „Dzisiaj mamy dzień sprzątania spiżarni". „Jutro akcja – szafki kuchenne!"

Praktykowałam ten zwyczaj także będąc w liceum. Kiedy wracałam do domu, szłam prosto do miejsca, które postanowiłam posprzątać tego dnia, nie zmieniając nawet szkolnego mundurka. Jeżeli moim celem było sprzątnięcie szuflad w komodzie, otwierałam drzwiczki i wyrzucałam wszystko z jednej szuflady, w tym próbki kosmetyków, mydła, szczoteczki do zębów i golarki. Potem porządkowałam je według kategorii, organizowałam w przegródkach i wkładałam z powrotem do szuflady. Wreszcie patrzyłam z podziwem na uporządkowaną zawartość szuflady i zabierałam się za następną. Godzinami potrafiłam porządkować szafkę, dopóki mama nie zawołała mnie na kolację.

Któregoś dnia, kiedy sprzątałam zawartość szuflad w szafce w przedpokoju, zatrzymałam się oniemiała. „To chyba ta sama szuflada, którą sprzątałam wczoraj" – pomyślałam. To nie była ta sama szuflada, ale jej zawartość już tak – zawierała próbki kosmetyków, mydła, szczoteczki i golarki. Sortowałam je kategoriami, wkładałam do pudełek i chowałam z powrotem do szuflady, tak jak poprzedniego dnia. To w tym momencie mnie olśniło: sprzątanie według lokalizacji to fatalny błąd. Ze smutkiem przyznaję, że zdałam sobie z tego sprawę dopiero po trzech latach.

Wielu ludzi jest zaskoczonych, że takie na pierwszy rzut oka zdroworozsądkowe podejście zwykle okazuje się pułapką. Sedno problemu tkwi w tym, że te same rzeczy często gromadzone są w więcej niż jednym miejscu. Kiedy sprzątamy każde miejsce osobno, umyka naszej uwadze fakt, że powtarzamy to samo działanie w wielu miejscach i że zamykamy się w błędnym kręgu sprzątania. Aby tego uniknąć, polecam sprzątanie tematami. Zamiast na przykład sprzątać konkretny pokój, wyznacz sobie cel: dziś ubrania, jutro książki. Sprzątanie tak często kończy się niepowodzeniem, gdyż mamy za dużo rzeczy. Nie przyjmujemy do wiadomości, ile tak naprawdę rzeczy posiadamy. Są porozkładane po całym domu, a więc sprzątając każde miejsce po kolei, nigdy nie mamy pełnego obrazu naszego stanu posiadania. Aby tego uniknąć, zachęcam do sprzątania według kategorii, a nie lokalizacji.

Nie zmieniaj metody porządkowania, żeby dopasować ją do swojej osobowości

Autorzy publikacji na temat porządkowania często twierdzą, że przyczyna bałaganu zależy od danej osoby, tak więc należy dopasować metodę do osobowości. Na pierwszy rzut oka ten argument wydaje się przekonujący. „To dlatego nie umiem utrzymać porządku. Metoda, którą stosowałam, nie pasuje do mojej osobowości". Wydaje nam się, że istnieją metody odpowiednie dla leniwych, zabieganych, wybrednych, niewybrednych, z których należy wybrać właściwą.

W pewnym momencie zastanawiałam się, czy nie dopasować metody sprzątania według tematów do osobowości klienta. Czytałam książki z psychologii, pytałam klientów o grupę krwi, charakter rodziców, a nawet przyglądałam się dacie urodzenia. Spędziłam pięć lat, analizując moje badania nad dostosowaniem metody do osobowości. Okazało się, że zmiana podejścia w zależności od osobowości nie ma sensu. Jeżeli chodzi o sprzątanie, to większość ludzi jest leniwych. Są też zajęci. Jeżeli chodzi o bycie wybrednym, każdy ma swoje ulubione przedmioty. Kiedy przyglądałam się typom osobowości, zdałam sobie sprawę, że pasuję do wszystkich kategorii. Na jakiej podstawie miałabym więc oceniać powody, dla których ludzie bałaganią?

Mam zwyczaj wszystko kategoryzować, może dlatego, że tyle czasu spędziłam zastanawiając się, jak najlepiej zorganizować przestrzeń wokół siebie. Kiedy rozpoczęłam pracę konsultantki, dużo wysiłku włożyłam w przyporządkowanie klientów do odpowiednich typów charakteru i dopasowanie do nich sposobu usługi. Z perspektywy czasu widzę, że miałam ukryty motyw. Wyobrażałam sobie, że jeśli zaoferuję kompleksowe podejście i zastosuję różne metody w zależności od osobowości człowieka, to będę sprawiać wrażenie bardziej profesjonalnej. Po dłuższym namyśle doszłam do wniosku, że większy sens ma odczytywanie charakteru na podstawie działań ludzi, a nie jakichś uogólnionych cech osobowości.

I tak ludzi, którzy nie potrafią utrzymać porządku, można podzielić w ten sposób podzielić na trzy typy: „nie potrafię tego wyrzucić", „nie potrafię tego odłożyć na miejsce", „nie potrafię tego ani odłożyć, ani wyrzucić". 90 procent ludzi można zaliczyć do trzeciej kategorii, podczas gdy 10 procent do „nie potrafię tego odłożyć na miejsce". Jeszcze nie znalazłam nikogo, kto należałby tylko do kategorii „nie potrafię tego wyrzucić", może dlatego osoba, która nie potrafi niczego wyrzucić, wkrótce posiada tyle rzeczy, że pomieszczenia, w których przechowuje swoje rzeczy, pękają w szwach. Jeżeli chodzi o 10 procent, które potrafi wyrzucać rzeczy, ale nie potrafi odkładać ich na miejsce, to kiedy zaczynają porządkować na poważnie, od razu widać, że mogliby wyrzucić o wiele więcej rzeczy.

Chcę przez to powiedzieć, że sprzątanie musi zacząć się od wyrzucania rzeczy, niezależnie od tego, jaki się ma typ osobowości. Jak długo moi klienci są w stanie opanować tę zasadę, nie będzie potrzeby, żeby zmieniać treść moich szkoleń i dopasowywać ją do danej osoby. To samo podejście stosuję do wszystkich. Oczywiście to, jak przekazuję wiedzę i jak klient ją stosuje, będzie się różnić, bo każda osoba jest wyjątkowa, umeblowanie domu każdej z osób również jest inne. Skuteczne sprzątanie obejmuje dwa niezbędne działania: wyrzucanie rzeczy i podejmowanie decyzji, gdzie pozostałe przechowywać. Trzeba zacząć od wyrzucania. Ta zasada nigdy się nie zmienia. Reszta zależy od tego, jaki chcesz osiągnąć poziom uporządkowania.

Niech porządkowanie będzie szczególnym wydarzeniem

Swoje kursy zaczynam od takiego stwierdzenia: niech porządkowanie stanie się szczególnym wydarzeniem. Nie sprzątaj codziennie. Kiedy to mówię, zapada zwykle pełne zdziwienia milczenie. Powtarzam wtedy jeszcze raz: sprzątanie powinno odbyć się tylko raz. Lub inaczej mówiąc, sprzątanie powinno być wykonane raz na zawsze w jednym odcinku czasowym.

Jeśli wydaje ci się, że sprzątanie to niekończące się zadanie, które należy wykonywać codziennie, to głęboko się mylisz. Są dwa rodzaje sprzątania: codzienne i specjalne. Codzienne sprzątanie polega na odkładaniu rzeczy na miejsce. Będzie ono zawsze częścią naszego życia, tak długo, jak będziemy potrzebowali korzystać z ubrań, książek i przyborów do pisania. Celem tej książki jest jednak zachęcenie czytelnika do jak najszybszego przeprowadzenia sprzątania o charakterze specjalnym.

Pełne sprzątanie, które robimy raz w życiu, pozwoli ci osiągnąć taki styl życia, jakiego pragniesz. Będziesz mogła cieszyć się czystą i uporządkowaną przestrzenią. Czy możesz mi z ręką na sercu powiedzieć, że można być szczęśliwym, gdy jest się otoczonym tyloma rzeczami, że nie pamięta się nawet, co gdzie jest? Większość ludzi rozpaczliwie potrzebuje uporządkować swój dom. Niestety, większości z nich nie udaje się podejść do zadania jako do „specjalnego wydarzenia" i zamiast tego ich pokoje przypominają składowiska różności. Mijają lata, a oni starają się bezskutecznie utrzymać porządek.

Musisz mi uwierzyć, że dopóki nie przeprowadzisz jednorazowego posprzątania domu, codzienne porządki będą skazane na niepowodzenie. Natomiast jeżeli uporządkujesz swój dom w pełni, każde następne sprzątanie będzie polegało na odłożeniu rzeczy tam, gdzie powinny się znaleźć. Stanie się to twoim nieuświadomionym nawykiem. Stosuję termin „specjalne wydarzenie", ponieważ tak ważne jest, aby wykonać to zadanie w krótkim przedziale czasu, kiedy masz zapał i energię do działania.

Może niepokoisz się, że kiedy to wydarzenie się skończy, nieporządek wróci. Może dużo kupujesz i wyobrażasz sobie, że twoje rzeczy znowu zaczną się mnożyć. Zdaję sobie sprawę, że trudno w to uwierzyć, jeśli nigdy nie próbowałaś, ale kiedy tylko ukończysz to radykalne sprzątanie, nie będziesz miała żadnych trudności z odłożeniem rzeczy na miejsce lub podjęciem decyzji, gdzie schować nowe rzeczy. Być może brzmi to niewiarygodnie, ale wystarczy doświadczyć stanu doskonałego porządku, aby być w stanie go utrzymać. Trzeba tylko poświęcić czas na to, żeby usiąść, obejrzeć każdą rzecz, jaka do ciebie należy, zdecydować, czy ją zatrzymać, czy wyrzucić, a następnie zdecydować, gdzie ułożyć to, co zatrzymasz.

Czy kiedykolwiek mówiłaś sobie, że nie jesteś dobra w porządkowaniu albo, że nie warto próbować, bo urodziłaś się bałaganiarzem? Wielu ludzi nosi w sobie ten negatywny wizerunek przez lata, ale on się rozwiewa, gdy tylko uda im się doświadczyć doskonale uporządkowanej przestrzeni. Radykalna zmiana percepcji samej siebie, wiara w to, że można osiągnąć wszystko, na co się nastawisz, przemieni twoje zachowanie i styl życia. To dlatego moi uczniowie nie wracają. Kiedy doświadczysz mocy doskonale czystej przestrzeni, nie wrócisz do bałaganu. Tak, mam na myśli właśnie ciebie!

Być może wydaje ci się to za trudne, ale to bardzo proste. Kiedy sprzątasz, zajmujesz się przedmiotami. Przedmioty łatwo wyrzucić i przemieścić. Każdy to potrafi. Twój cel jest jasny. W momencie, kiedy wszystko zostanie ułożone na swoim miejscu, osiągasz metę. W przeciwieństwie do pracy, nauki czy sportu, nie ma potrzeby porównywania swoich wyników do innych. To ty wyznaczasz standardy. Albo inaczej mówiąc, to co wszystkim sprawia największą trudność, czyli kontynuacja, nie jest konieczne. Trzeba tylko raz zdecydować, gdzie umieścić rzeczy.

Nigdy nie porządkuję gruntownie swojego pokoju. Czemu? Bo on już jest uporządkowany. Jedyne porządki, jakie robię, to raz, może dwa razy do roku, mniej więcej przez godzinę. Trudno mi uwierzyć, że tyle czasu poświęcałam na porządkowanie bez widocznych efektów. Teraz czuję się szczęśliwa i zadowolona. Mam czas doświadczyć radości w spokojnej przestrzeni, w której powietrze jest świeże i czyste, gdzie mam czas usiąść, napić się ziołowej herbaty, a także zastanowić nad swoim dniem. Kiedy rozglądam się wokół, mój wzrok pada na zakupiony za granicą obraz, który kocham i na wazon świeżych kwiatów. Chociaż moja przestrzeń mieszkalna jest niewielka, to wypełniłam ją tylko rzeczami, które przemawiają do mojego serca. Moje życie przynosi mi radość.

Czy ty też chciałabyś tak żyć?

To łatwe, trzeba tylko wiedzieć, jak uporządkować swój dom.

ROZDZIAŁ DRUGI

ZACZNIJ OD WYRZUCANIA

Wyrzucaj zdecydowanie

Czasem wydaje ci się, że wszystko doskonale posprzątałaś, ale po kilku dniach widzisz, że pokój jest znowu zagracony. Czas mija, a ty gromadzisz coraz więcej rzeczy i zanim się obejrzysz, pokój wróci do poprzedniego stanu. Efekt nawrotu spowodowany jest stosowaniem nieskutecznych metod, które zapewniają tylko połowiczne uporządkowanie przestrzeni. Jak już wspominałam, istnieje tylko jeden sposób uniknięcia tego zjawiska: skuteczne, jednorazowe i jak najszybsze sprzątnięcie domu, aby zyskać przestrzeń uporządkowaną. W jaki jednak sposób przekłada się to na odpowiednie nastawienie?

Kiedy całkowicie uporządkujesz swoją przestrzeń, zmieni się całe otoczenie wokół. Zmiana jest na tyle głęboka, że poczujesz, jakbyś żyła w zupełnie innym świecie. Wpłynie to na stan twojego umysłu i skutecznie zniechęci cię do powrotu do poprzedniego zabałaganionego stanu. Aby doświadczyć pełnej przemiany, proces porządkowania musi być radykalny. Stopniowy proces nigdy nie wywoła podobnego efektu.

Radykalna zmiana wymaga natomiast najskuteczniejszej metody porządkowania. W innym przypadku zanim się obejrzysz, minie cały dzień i nie zobaczysz postępów. Im dłużej to trwa, tym bardziej jesteś zmęczona i tym bardziej prawdopodobne jest, że poddasz się w połowie drogi. Kiedy znowu nagromadzi się góra rzeczy, wpadniesz w samonakręcającą się spiralę. Na podstawie mojego doświadczenia „szybko" oznacza około pół roku. Wydaje się, że to długo, ale to tylko sześć miesięcy twojego życia. Kiedy proces będzie już ukończony, i doświadczysz, co to znaczy idealny porządek, uwolnisz się od błędnego przeświadczenia, że nie masz zdolności do porządkowania.

Aby uzyskać jak najlepsze rezultaty, proszę, żebyś ściśle przestrzegała następującej zasady: porządkuj we właściwej kolejności. Wiemy już, że oznacza to tylko dwie czynności – pozbywanie się rzeczy i podejmowanie decyzji, co do tego, gdzie trzymać te, które zostawiasz. To tylko dwa działania, ale wyrzucanie musi być wykonane jako pierwsze. Upewnij się, że wykonałaś pierwszą czynność, zanim przystąpisz do następnej. Nawet nie myśl o odkładaniu rzeczy, dopóki nie zakończysz procesu eliminowania. Osoby, które nie trzymają się tej kolejności, nie dokonają trwałych zmian. W trakcie wyrzucania rzeczy, zaczynają myśleć o tym, gdzie rozmieścić pozostałe. Gdy tylko zaczynają się pojawiać myśli: „ciekawe, czy to się zmieści w tej szufladzie...", przerywają proces wyrzucania. Nad tym, gdzie rozmieścić rzeczy, możesz zastanowić się, kiedy pozbędziesz się wszystkiego, czego nie potrzebujesz.

Podsumowując, sekret sukcesu polega na przeprowadzeniu jak najdokładniejszego, jednorazowego porządkowania i zaczęciu od wyrzucania.

Zanim zaczniesz, wyobraź sobie stan, który chcesz osiągnąć

Już teraz z pewnością rozumiesz, dlaczego tak ważne jest, aby najpierw dokończyć proces pozbywania się rzeczy. Wyrzucanie rzeczy bez przemyślenia jaki ma być efekt końcowy, także byłoby skazane na niepowodzenie. Zacznij zatem od określenia swojego celu. Sięgnęłaś po tę książkę z jakiegoś powodu. Co cię skłoniło do wzięcia się za porządkowanie? Co masz nadzieję zyskać?

Zanim zaczniesz wyrzucać, przemyśl to dokładnie. Oznacza to wizualizację wymarzonego stylu życia. Jeżeli pominiesz ten krok, nie tylko opóźni to cały proces, ale także pogłębi ryzyko nawrotu bałaganu. Cele sformułowane jako: „Chcę żyć w przestrzeni wolnej od bałaganu", czy też „Chcę wiedzieć, gdzie odkładam swoje rzeczy" są zbyt szeroko nakreślone. Trzeba je uszczegółowić. Wyobraź sobie dokładnie, jakby to byłoby żyć w niezaśmieconej przestrzeni.

Jedna z moich klientek jako dwudziestolatka sformułowała swoje marzenie jako „bardziej kobiecy styl życia". Mieszkała w zagraconym pokoju o wielkości „siedmiu mat" – w Japonii jest to pokój, w którym pomieści się siedem mat tatami, czyli ma powierzchnię o wymiarach 3 × 4 m, z wbudowaną szafą i trzema zestawami półek o różnych wielkościach. Przestrzeń ta powinna być wystarczająca, żeby pomieścić jej rzeczy, ale gdzie bym się nie obróciła, widziałam bałagan. Szafa była tak wypchana, że drzwi się nie domykały, a ubrania wypływały z szuflad. Na karniszu od zasłon wisiało tyle ubrań, że zasłony były niepotrzebne. Podłoga i łóżko były pokryte koszami i torbami z czasopismami oraz gazetami. Kiedy moja klientka kładła się spać, przenosiła rzeczy z łóżka na podłogę, a kiedy się budziła, kładła je z powrotem na łóżko, żeby utorować sobie drogę do drzwi. Jej stylu życia pod żadnym względem nie można by nazwać kobiecym.

Zapytałam ją, co ma na myśli, mówiąc o kobiecym stylu życia. Zastanawiała się przez dłuższą chwilę, zanim udzieliła mi odpowiedzi. „No cóż, kiedy wracam z pracy do domu, podłoga powinna być wolna od nadmiaru rzeczy, a pokój przypominać apartament hotelowy, w którym nic nie zakłóca jego harmonii. Łóżko byłoby pokryte różową kapą, a na stoliku nocnym stałaby lampa w dawnym stylu. Przed pójściem do łóżka brałabym kąpiel i zapalała świeczki zapachowe. Słuchałabym muzyki klasycznej na fortepian lub na skrzypce, ćwicząc jogę i pijąc ziołową herbatę. Zasypiałabym w przestrzeni dającej poczucie spokoju".

Jej opis był tak żywy, jakby już żyła w ten sposób. Ważne, żeby wyobrazić sobie swój idealny styl życia w bardzo szczegółowy sposób i zrobić notatki. Jeżeli trudno ci wyobrazić sobie, jak miałoby wyglądać twoje życie, poprzeglądaj magazyny prezentujące aranżacje wnętrz i zwróć uwagę, które zdjęcia przyciągają twoją uwagę. Przydatne może być także zobaczenie domów pokazowych. Porównanie różnych wnętrz może pomóc określić, co ci się podoba. Dodam jeszcze, że klientka, o której wspomniałam powyżej, dzisiaj delektuje się domowymi zabiegami z aromaterapii, muzyką klasyczną i jogą. Uwolniwszy się od nadmiaru rzeczy i nieładu, zrealizowała swoje aspiracje dotyczące kobiecego stylu życia.

Czy kiedy wyobraziłaś sobie wymarzony styl życia, to czy nadszedł czas, żeby zabrać się za wyrzucanie? Jeszcze nie. Rozumiem twoją niecierpliwość, ale po to, aby uniknąć nawrotu bałaganu, powinnaś wchodzić w bezprecedensowe wydarzenie, jakim jest wielkie sprzątanie, krok po kroku. Następny krok to odpowiedzenie sobie na pytanie, dlaczego właśnie tak chcesz żyć. Zajrzyj do notatek na temat wymarzonego stylu życia i zastanów się jeszcze raz. Dlaczego chcesz korzystać z aromaterapii przed pójściem spać? Po co chcesz słuchać muzyki klasycznej, ćwicząc jogę? Jeżeli twoja odpowiedź brzmi: „Ponieważ chcę się odprężyć przed pójściem spać" oraz „Chcę stracić na wadze", zadaj sobie pytanie, po co chcesz się odprężyć i dlaczego chcesz schudnąć. Może twoje kolejne odpowiedzi zabrzmią: „Chcę chodzić do pracy wypoczęta" oraz „Chcę się odchudzać po to, żeby być atrakcyjna". Ponownie zadaj sobie pytanie: „Po co?". Powtórz każde z tych pytań od trzech do pięciu razy i za każdym razem udziel na nie odpowiedzi.

Analizując powody, dla których wybierasz określony styl życia, dojdziesz do prostego wniosku. Ostatecznym celem, zarówno pozbywania się, jak i zatrzymywania rzeczy, jest bycie szczęśliwym. Może wydawać się to oczywiste, jednak ważne, aby doświadczyć w sobie, co to oznacza, i poczuć to całym sercem. Zanim zaczniesz sprzątać, przyjrzyj się temu, do jakiego stylu życia dążysz i zadaj sobie pytanie: „Po co chcę sprzątać?". Kiedy już znajdziesz odpowiedź, będziesz gotowa przejść do następnego kroku: zrobienia przeglądu posiadanych przedmiotów.

Wybieraj to, co sprawia ci radość

Na jakiej podstawie podjąć decyzję o tym, co wyrzucić? Wyrzucanie odbywa się zwykle według kilku schematów. Wyrzucamy rzeczy, kiedy przestają pełnić swoją funkcję, na przykład coś się psuje i nie można lub nie warto tego naprawić, albo gdy jakaś część jest zepsuta. Wyrzucamy także rzeczy ze względu na ich termin przydatności do użycia, ubrania, które już wyszły z mody lub przedmioty związane z wydarzeniem, które minęło. Łatwo pozbyć się rzeczy, kiedy mamy ku temu oczywisty powód, ale jest to dużo trudniejsze, kiedy nie ma wyraźnego powodu. Eksperci proponują różne sposoby oceny tego, na jakiej podstawie podjąć decyzję o wyrzuceniu danej rzeczy. Wymienia się takie zasady, jak: „Należy wyrzucić wszystko, czego się nie nosiło przez rok", lub „Jeżeli nie możesz się zdecydować, zapakuj rzeczy do pudełka i wróć do nich za sześć miesięcy". W momencie kiedy zaczniesz skupiać się na tym, *jak* wybierać i co wyrzucać, tak naprawdę zboczyłaś z kursu. Dalsze sprzątanie będzie mniej owocne.

W pewnym momencie swojego życia stałam się „specjalistką ds. wyrzucania". Odkrywszy „Sztukę pozbywania się rzeczy", całkowicie skupiłam się na tym zagadnieniu i szukałam coraz to nowych wyzwań. Cały czas szukałam nowych miejsc do praktykowania tej sztuki, czy to w pokojach rodzeństwa, czy w szafkach szkolnych. Głowę miałam pełną porad, jak sprzątać i byłam całkowicie przekonana (choć było to błędne), że potrafię sprzątnąć każdą przestrzeń.

Moim celem było pozbycie się jak największej liczby rzeczy. Stosowałam wszelkie kryteria wyczytane w książkach. Próbowałam pozbywać się wszystkich ubrań, których nie nosiłam przez lata, wyrzucałam coś za każdym razem, kiedy kupowałam coś nowego i pozbywałam się rzeczy, co do których nie miałam pewności, że będą mi potrzebne. W jednym miesiącu wyrzuciłam 30 worków śmieci. Jednak niezależnie od tego, ile wyrzucałam, ani jeden pokój w moim domu nie sprawiał wrażenie bardziej uporządkowanego.

Chodziłam na zakupy, żeby odreagować stres, a w ten sposób wysiłki zmierzające do zmniejszenia stanu mojego posiadania kończyły się całkowitym niepowodzeniem. W domu byłam zawsze spięta i wypatrywałam zbędnych rzeczy, które można by wyrzucić. Kiedy tylko natrafiałam na coś, co nie było używane, z nieskrywaną satysfakcją wyrzucałam to do kosza. Nic dziwnego, że ogarniała mnie coraz większa irytacja, byłam rozdrażniona i nie potrafiłam się zrelaksować we własnym domu.

Pewnego dnia po szkole otworzyłam drzwi do pokoju i jak zwykle zaczęłam sprzątać. Na widok nieładu załamałam się. „Nie chcę już sprzątać" – krzyknęłam. I się rozpłakałam. Siedziałam na środku pokoju i zaczęłam się zastanawiać. Spędziłam trzy lata na sprzątaniu i wyrzucaniu rzeczy, a mój pokój wciąż wydawał się zagracony. *Czy ktoś mógłby mnie oświecić, dlaczego mój pokój nie jest uporządkowany, chociaż tak bardzo się staram?* Chociaż nie wypowiedziałam tego na głos, wykrzyczałam te słowa w duchu. Nagle usłyszałam głos:

„Przyjrzyj się temu, co jest wokół".

Co masz na myśli? Codziennie patrzę na mój pokój z taką intensywnością, że mogłabym w nim wywiercić dziurę wzro-

kiem. To była moja ostatnia myśl, zanim zasnęłam na podłodze. Gdybym była mądrzejsza, dużo wcześniej zdałabym sobie sprawę, że takie neurotyczne skupienie na wyrzucaniu, może tylko przynieść frustrację. Dlaczego? Bo należy się skupić na tym, co chcemy zatrzymać, a nie na tym, czego chcemy się pozbyć.

Kiedy się obudziłam, od razu wiedziałam, co miał na myśli głos w mojej głowie: „Przyjrzyj się temu, co jest wokół". Byłam tak skupiona na tym, co wyrzucić, na pokonywaniu niewidzialnych przeszkód wokół, że zapomniałam cieszyć się rzeczami, które kochałam i chciałam zatrzymać. To doświadczenie nauczyło mnie, że najlepszym sposobem na dokonanie wyboru tego, co chcę zatrzymać, a czego chcę się pozbyć, to wzięcie każdego przedmiotu do ręki i zadanie sobie pytania: „Czy to daje mi radość?". Jeśli tak, zatrzymaj ten przedmiot. Jeśli nie, wyrzuć go. To nie tylko najprostszy, ale i najbardziej precyzyjny miernik.

Twoje wątpliwości może budzić skuteczność takiego mglistego kryterium, ale chodzi o to, jak obchodzisz się z każdym przedmiotem. Nie otwieraj szafy i nie podejmuj decyzji w dwie sekundy, że wszystko, co znajduje się w szafie, daje ci radość. Powinnaś wziąć każde ubranie do ręki. Kiedy dotykasz ubrania, twoje ciało reaguje. Jego reakcja na każdą rzecz jest inna. Przekonaj się sama.

Wybrałam taki punkt odniesienia z dwóch powodów. Po co w ogóle sprzątać? Jeżeli nie po to, żeby przestrzeń, w której żyjemy, i wszystkie posiadane przez nas rzeczy przyniosły nam szczęście, to nie ma to sensu. Najlepszym kryterium wyboru, co zatrzymać, a czego się pozbyć, jest odpowiedź na pytanie, czy zatrzymanie danej rzeczy da ci poczucie szczęścia i radości.

Czy jesteś zadowolony, nosząc ubrania, które cię nie cieszą?

Czy odczuwasz radość, otoczona stosami nieprzeczytanych książek, które nie poruszają twojego serca?

Czy sądzisz, że trzymanie akcesoriów, których nigdy nie wykorzystasz, przyniesie ci radość?

Odpowiedź na te pytanie powinna brzmieć: „nie".

Wyobraź sobie, że żyjesz w przestrzeni, która mieści w sobie tylko rzeczy, które wywołują twoją radość. Czy nie o takim życiu marzysz? Zatrzymaj tylko te rzeczy, które przemawiają do twojego serca. Zaryzykuj i pozbądź się reszty. W ten sposób przestawisz swoje życie na nowe tory i zaczniesz żyć nowym życiem.

Jedna kategoria naraz

Podejmowanie decyzji dotyczących posiadanych rzeczy w oparciu o kryterium odczuwanej radości to najważniejszy krok. Jednak jakie konkretne kroki należy podjąć, aby skutecznie wyeliminować nadmiar?

Zacznę od tego, czego nie należy robić. Nie zaczynaj od selekcji i wyrzucania na podstawie lokalizacji. Nie myśl w ten sposób: „Najpierw posprzątam pokój, a potem salon", lub też „Najpierw przejrzę szuflady po kolei od górnej do najniższej". Takie podejście jest skazane na niepowodzenie. Dlaczego? Ponieważ, jak już wiemy, większość ludzi nie zadaje sobie trudu, żeby przechowywać podobne przedmioty w jednym miejscu.

W większości gospodarstw domowych przedmioty z tej samej kategorii są trzymane w dwóch lub trzech miejscach rozrzuconych po domu. Załóżmy, że zaczniesz sprzątanie od szafy w sypialni. Kiedy skończysz już sortować oraz wyrzucać, okaże się, że w innej szafce także są ubrania lub też, że na fotelu w salonie leży twój płaszcz. Będziesz musiała powtórzyć cały proces wybierania i układania ubrań, co oznacza stratę czasu i wysiłku. Trudno także w tych warunkach dokonać trafnej oceny tego, co się chce zatrzymać, a co odrzucić. Powtarzanie czynności oraz zmarnowane wysiłki zabijają motywację, należy więc ich unikać.

Z tego powodu radzę zawsze myśleć o rodzaju przedmiotów, a nie ich lokalizacji. Zanim podejmiesz decyzję, co chcesz zachować, wyciągnij każdą pojedynczą rzecz: zbierz wszystko z jednej kategorii w jednym miejscu. Prześledźmy wszystkie kroki konieczne do wykonania na tym etapie, na przywołanym już przykładzie selekcjonowania ubrań. Decydujesz się zacząć od uporządkowania ubrań.

Przeszukujesz każdy pokój w domu. Przynosisz każdą sztukę ubrania w jedno miejsce i rozkładasz na podłodze. Bierzesz do ręki każde ubranie i przyglądasz się, czy wywołuje ono w tobie radość. Tylko takie przedmioty zatrzymujesz. Powtórz cały proces dla każdej kategorii. Jeżeli masz wiele ubrań, możesz podzielić je na takie podkategorie, jak góra, dół, okrycia wierzchnie i każdą z nich analizować po kolei.

Zebranie wszystkich rzeczy w jednym miejscu jest niezwykle istotne, ponieważ w ten sposób będzie możliwe zorientowanie się w ilości posiadanych dóbr. Większość ludzi odkrywa ze zdumieniem, że posiadają dwa razy więcej, niż przypuszczali. Zbierając rzeczy w jednym miejscu, możesz także porównać te, które mają podobny krój i łatwiej ci będzie zdecydować, które z nich zatrzymać.

Pozwól, że podam ci kolejny powód, dla którego warto wyciągnąć z szuflad, szaf i szafek wszystkie przedmioty z jednej kategorii i rozłożyć je na podłodze. Rzeczy, których nie masz na widoku, nie wywołują w tobie emocji. O wiele trudniej zdecydować, czy wywołują one radość czy nie. Wystawiając je na światło dzienne i niejako przywracając im życie, o wiele łatwiej będzie ci ocenić, czy są źródłem pozytywnych emocji.

Ograniczenie się do jednej kategorii naraz w znacznym stopniu przyśpiesza proces sprzątania. Upewnij się zatem, że zebrałaś wszystkie przedmioty z kategorii, nad którą aktualnie pracujesz. Nie pozwól, żeby jakaś rzecz umknęła twojej uwadze.

Jak dobrze zacząć

Zaczynasz dzień pełna energii i gotowa do sprzątania, a tu zanim się obejrzysz, słońce zachodzi, a ty ledwo ruszyłaś czubek góry lodowej. Zaczynasz się obwiniać i odczuwać frustrację. A co trzymasz w rękach? Najczęściej jest to czasopismo, komiks, album lub też inna rzecz, z którą – złodziejką czasu – wiążą się miłe wspomnienia.

Wprawdzie radziłam zacząć porządkowanie od kategorii, a nie pokoju, od zebrania wszystkiego w jednym miejscu. Nie oznacza to jednak, że powinno się zacząć od dowolnej dziedziny. Stopień trudności podjęcia decyzji co do zatrzymania lub też pozbycia się jakiejś rzeczy zależy od rodzaju kategorii. Jeżeli zaczniemy od rzeczy, co do których najtrudniej jest podjąć decyzję, utkniemy w połowie. Osoby początkujące nie powinny zaczynać od przedmiotów, które wywołują wspomnienia, np. zdjęć. W tej kategorii nie tylko mieści się więcej rzeczy niż w pozostałych, ale także o wiele trudniej podjąć decyzję, czy zatrzymać je, czy się ich pozbyć.

Gromadzone przez nas przedmioty nie tylko posiadają wartość materialną, ale i trzy dodatkowe: funkcjonalną, informacyjną i emocjonalną. Kiedy dodamy jeszcze rzadkość występowania danego przedmiotu, wzrasta poziom trudności podjęcia decyzji. Trudno pozbyć się rzeczy, która może się jeszcze przydać (wartość funkcjonalna), która zawiera pomocne informacje (wartość informacyjna) i która ma wartość sentymentalną. Jeszcze trudniej wyrzucić przedmioty, które niełatwo jest zdobyć lub zastąpić (rzadkość występowania).

Podjęcie decyzji, co zatrzymać, a czego się pozbyć, będzie o wiele mniej bolesne, jeżeli zaczniemy od rzeczy, które nie mają wymienionych wartości. W miarę przechodzenia do trudniejszych kategorii, będziesz coraz sprawniej podejmowała decyzje. Najłatwiej zacząć od ubrań, gdyż należą do grupy przedmiotów, których wartość nie zależy w tak dużym stopniu od ich unikatowości. Z kolei fotografie i listy nie tylko mają wartość sentymentalną, ale i są jedyne w swoim rodzaju, należy więc je zostawić na sam koniec. Tak samo jest z fotografiami, zwłaszcza że często pojawiają się w niespodziewanych momentach i miejscach, na przykład wśród książek i papierów. Najlepiej zastosować następującą kolejność: ubrania, książki, papiery, różności (*komono*), a na samym końcu przedmioty o wartości sentymentalnej i pamiątki. Kolejność ta jest najkorzystniejsza także ze względu na trudności z ich przechowywaniem. Ponadto utrzymanie podanej kolejności pozwala wyostrzyć naszą intuicję. Jeżeli zmiana kolejności tego, co wyrzucasz, może radykalnie przyśpieszyć tempo procesu podejmowania decyzji, czy nie sądzisz, że warto ją wprowadzić?

Ukryj porządki przed rodziną

W wyniku maratonu sprzątania powstaje góra śmieci. Na tym etapie niespodziewana wizyta eksperta od recyklingu pod postacią matki może wyrządzić więcej szkód niż trzęsienie ziemi.

Jedna z moich klientek, którą będę nazywać M., mieszkała z rodzicami i siostrą. Do domu, który zajmowali, przeprowadzili się 15 lat wcześniej, kiedy M. była jeszcze w szkole podstawowej. Nie tylko uwielbiała kupować ubrania, ale także zachowywała te, które miały dla niej wartość sentymentalną, takie jak mundurki szkolne i koszulki na specjalne okazje. Trzymała je w pudłach, które z kolei stawiała na podłodze, tak że nie widać było kawałka wolnej podłogi. Sortowała i porządkowała ubrania przez pięć godzin. Pod koniec dnia miała 15 worków z rzeczami do wyrzucenia, w tym osiem worków z ubraniami, 200 książek, maskotki i prace z zajęć plastycznych w szkole. Postawiłyśmy torby równiutko obok siebie na podłodze, którą wreszcie było widać, zaraz obok drzwi. Właśnie miałam jej wyjaśnić bardzo ważną zasadę.

„Jest jeden sekret dotyczący pozbycia się tych śmieci" – zaczęłam, a wtedy nagle otworzyły się drzwi i weszła matka, niosąc tacę z mrożoną herbatą. *O nie* – pomyślałam.

Jej matka postawiła tacę na stole. „Dziękuję, że pomaga pani mojej córce" – powiedziała i już miała wychodzić, kiedy jej wzrok padł na góry rzeczy przy drzwiach. „Zamierzasz to wyrzucić?" – zapytała, wskazując na różową matę do jogi leżącą na stosie rzeczy.

„Nie używałam jej od dwóch lat".

„Naprawdę? Cóż, może ja z niej skorzystam". Zaczęła szperać w torbach. „To też mi się przyda". Wychodząc, zabrała ze sobą nie tylko matę do jogi, ale i trzy spódnice, dwie bluzy, dwa żakiety i trochę przyborów do pisania.

Kiedy znowu zapadła cisza, napiłam się herbaty i zapytałam M.: „Powiedz mi, jak często twoja matka ćwiczy jogę?".

„Nigdy nie widziałam, żeby to robiła".

Przed wejściem matki miałam właśnie zamiar powiedzieć: „Nie pozwól twojej rodzinie zobaczyć, co tu jest. Jeżeli to tylko możliwe, wynieś torby sama. Nie ma potrzeby, żeby rodzina wiedziała, co dokładnie wyrzucasz".

Zalecam moim klientom, żeby nie pokazywali zawartości worków z rzeczami, których się pozbywają, zwłaszcza swoim rodzicom i członkom rodziny. Oczywiście nie ma się czego wstydzić. Sprzątanie to nic złego. Jednakże rodzice przeżywają duży stres, kiedy widzą, co dzieci wyrzucają. Już sama ilość rzeczy może wywołać u rodziców obawy, czy ich dziecko przeżyje, mając tę niewielką ilość rzeczy, która została. W dodatku – chociaż wiedzą, że powinni się cieszyć z niezależności i dojrzałości swoich dzieci – często trudno im znieść widok wyrzucanych ubrań, zabawek i pamiątek, zwłaszcza jeżeli zostały one podarowane przez nich. Niepokazywanie swoich śmieci innym jest przejawem troski o ich komfort psychiczny.

Chroni rodzinę przed gromadzeniem większej ilości rzeczy, niż potrzebuje, albo z której może skorzystać. Aż do tego momentu twoi bliscy byli w pełni zadowoleni z tego, co mieli. Kiedy domownicy zobaczą, co zdecydowałaś się wyrzucić, mogą poczuć się winni z powodu takiego marnotrawstwa, jednakże wszystkie rzeczy, które wyłowią z twoich zasobów, powiększą zbędny balast w ich domach. *Powinniśmy* się więc wystrzegać zmuszania ich do noszenia tego ciężaru.

W przeważającej liczbie przypadków, to matka zabiera rzeczy od córki, a jednak rzadko później korzysta z pozyskanych ubrań. Pięćdziesięciolatki i sześćdziesięciolatki, z którymi pracuję, zawsze w końcu wyrzucają ubrania po córkach, nie mając ich uprzednio ani razu na sobie. Powinniśmy unikać sytuacji, w których uczucia matki do córki staną się ciężarem. Oczywiście nie ma nic złego w tym, żeby członkowie rodziny skorzystali z rzeczy, których nie potrzebujesz. Jeżeli mieszkasz z rodziną, możesz bliskich zapytać tuż przed rozpoczęciem sprzątania: „Czy planowaliście coś kupić?" Może znajdzie się coś, co będzie im potrzebne i będziesz mogła to ofiarować jako prezent.

Jeżeli jesteś zła na swoją rodzinę, to być może przez stan twojego pokoju

„Nawet jeśli ja biorę się za sprzątanie, to reszta mojej rodziny zaczyna bałaganić".

„Mój mąż jest typem zbieracza. Jak mogę go nakłonić, żeby wyrzucał niepotrzebne rzeczy?"

Brak współpracy ze strony twojej rodziny, kiedy próbujesz stworzyć „idealny" dom, bywa niekiedy bardzo frustrujący. To coś, czego wielokrotnie doświadczyłam w przeszłości. W pewnym momencie byłam do tego stopnia pochłonięta sprzątaniem, że mój własny pokój przestał mi wystarczać. Po prostu musiałam uporządkować pokoje rodzeństwa i wszystkie inne pomieszczenia w domu. Frustrowało mnie bałaganiarstwo mojej rodziny. Najbardziej irytowała mnie wspólna szafa. Wydawało mi się, że jest co najmniej do połowy przepełniona niepotrzebnymi i nieużywanymi gratami. Na wieszakach upchnięto ubrania, których nigdy nie widziałam na mojej matce, i stare garnitury mojego ojca. Na dole szafy leżały pudła z komiksami brata.

Czekałam na odpowiedni moment i atakowałam właściciela: „Nie jest ci to potrzebne, prawda?". Jednak odpowiedź brzmiała albo „Jest mi potrzebne", albo „Sam to wyrzucę", czego oczywiście nigdy nie robili. Za każdym razem zaglądałam do tej szafy i wzdychałam: „Czemu wszyscy tam gromadzą rzeczy? Czy nie widzą, jak bardzo się staram utrzymać w domu porządek?".

Mimo iż byłam świadoma, że moje zapędy do sprzątania to przejaw dziwactwa, nie mogłam pozwolić, żeby mnie pokonali. Kiedy moja frustracja sięgnęła granicy wytrzymałości, zdecydowałam się działać po kryjomu. Zidentyfikowałam, które rzeczy nie były wykorzystywane od lat na podstawie ich kroju, ilości pokrywającego je kurzu i po zapachu. Przekładałam je na tył szafy i obserwowałam, co się wydarzy. Jeżeli nikt nie zauważył, że ich nie ma, pozbywałam się ich po kolei, jakbym przerzedzała gąszcz chwastów. Przez trzy miesiące udało mi się w ten sposób wyrzucić 10 worków śmieci.

W większości przypadków pozostało to niezauważone i życie toczyło się dalej. Ale po pewnym czasie, kiedy ilość oddanych rzeczy osiągnęła pewien pułap, członkowie rodziny zaczęli odczuwać ich brak. Kiedy wskazywali na mnie, wypierałam się bezwstydnie. Moją podstawową strategią było udawanie niewiniątka.

„Wiesz, co się stało z moją marynarką?"

„Nie".

Jeżeli naciskali dalej, moją strategią było zaprzeczanie.

„Marie, czy jesteś pewna, że jej nie wyrzuciłaś?"

„Tak, jestem pewna".

„W takim razie zastanawiam się, gdzie ona może być".

Jeżeli poddawali się na tym etapie, dochodziłam do wniosku, że rzecz nie była warta zachowania. Nawet jeżeli nie dawali się nabrać, nie przejmowałam się tym.

„Wiem doskonale, że tam była, Marie. Widziałem ją na własne oczy dwa miesiące temu".

„Wyrzuciłam ją za ciebie, bo nie byłeś w stanie zrobić tego sam" – ripostowałam, zamiast przeprosić za wyrzucenie cudzej rzeczy bez pytania.

Z perspektywy czasu muszę przyznać, że było to dość aroganckie zachowanie. Kiedy zostałam nakryta, zasypano mnie wyrzutami i surowo zabroniono sprzątać poza moim pokojem. Gdybym mogła cofnąć się w czasie, dałabym sobie samej porządnego klapsa i upewniłabym się, że już nigdy przez myśl mi nie przejdzie taka bezsensowna kampania. Wyrzucanie cudzych rzeczy bez pytania jest oznaką braku zdrowego rozsądku. Takie działania po kryjomu zwykle się udają, i nikt nie odczuwa braku utraconych rzeczy, jednak cena, jaką można zapłacić za utratę zaufania rodziny, jeżeli zostanie się złapanym na gorącym uczynku, jest zbyt wysoka. Poza tym, tak po prostu nie należy robić. Jeżeli chcesz, żeby twoja rodzina zaczęła sprzątać, jest na to o wiele łatwiejszy sposób.

Kiedy zabroniono mi sprzątania cudzej przestrzeni i musiałam się ograniczyć do własnego pokoju, dokonałam szokującego odkrycia. Było w nim o wiele więcej rzeczy, które należało wyrzucić, niż zdołałam wcześniej zauważyć – koszula, której nigdy nie miałam na sobie, spódnica, która wyszła z mody, a której miałam nigdy nie założyć, i książki na półkach, o których wiedziałam, że nie będę ich potrzebować. Ze zdumieniem zdałam sobie sprawę, że byłam tak samo winna, jak oskarżana przeze mnie rodzina. Nie mogąc już krytykować innych, wzięłam worki i zabrałam się do sprzątania mojej własnej przestrzeni.

Po około dwóch tygodniach w mojej rodzinie nastąpiła zmiana. Brat, który odmawiał wyrzucenia czegokolwiek, niezależnie od tego, jak bardzo bym narzekała, zaczął przeglądać swoje rzeczy. W ciągu jednego dnia pozbył się 200 książek. Moi rodzice i siostra zaczęli powoli przeglądać i wyrzucać swoje ubrania i akcesoria. W rezultacie cała rodzina zaczęła utrzymywać dom w większym porządku.

Cicha praca nad własnym nieładem jest najlepszą strategią na problem z rodziną, która nie sprząta. Idąc niejako za twoim przykładem, zaczną pozbywać się niepotrzebnych rzeczy i sprzątać bez słowa skargi z twojej strony. Brzmi to niewiarygodnie, jednakże gdy ktoś zaczyna sprzątać, wywołuje reakcję łańcuchową.

Skupienie się na sprzątaniu własnych rzeczy powoduje jeszcze jedną ważną zmianę – wzrasta poziom tolerancji na brak porządku wśród członków rodziny. Kiedy już byłam zadowolona z wyglądu własnego pokoju, przestałam odczuwać palącą potrzebę wyrzucania rzeczy należących do rodzeństwa czy rodziców. Kiedy zauważyłam, że we wspólnych pomieszczeniach, takich jak salon czy łazienka, panuje nieład, sprzątałam je bez mrugnięcia okiem, nie wypominając bałaganiarstwa reszcie rodziny. Zauważyłam, że taka sama zmiana zachodzi u moich klientów.

Jeżeli irytuje cię brak porządku u twojej rodziny, zachęcam, abyś przyjrzała się własnej przestrzeni, szczególnie składowanym rzeczom. Z pewnością znajdziesz takie, których nie potrzebujesz i których możesz się pozbyć. Pęd do wytknięcia komuś jego bałaganiarstwa jest zwykle oznaką, że zaniedbujesz własny pokój. To dlatego powinnaś zacząć od wyrzucania wyłącznie swoich rzeczy. Przestrzeń wspólną zostaw na koniec. W pierwszej kolejności uporaj się ze swoimi własnymi rzeczami.

Jeśli czegoś nie potrzebujesz, to twoja rodzina prawdopodobnie też nie

Moja siostra, młodsza ode mnie o trzy lata, jest osobą cichą, nieco nieśmiałą i woli rysować czy czytać w samotności niż przebywać w towarzystwie innych ludzi. Bez wątpienia to ona ucierpiała najbardziej z powodu moich zapędów porządkowych. Kiedy byłam studentką, dalej koncentrowałam się na eliminowaniu rzeczy, jednak z niektórymi trudno mi było się rozstać, na przykład z koszulką, którą lubiłam, ale w której nie było mi do twarzy. Nie mogąc się z nią rozstać, przymierzałam ją bez końca przed lustrem, aby wreszcie dojść do wniosku, że nie pasuje do mnie. Jeżeli była prezentem od rodziców albo nieznoszona, myśl o wyrzuceniu jej wywoływała u mnie poczucie winy.

W takim momencie moja siostra okazywała się bardzo przydatna. Metoda „prezentu dla siostry" była idealnym sposobem na pozbycie się takich rzeczy. Kiedy używam słowa prezent, wcale nie mam na myśli prezentu zapakowanego w ozdobny papier. Brałam niechciany przedmiot i wkraczałam do pokoju siostry, która była w trakcie błogiej lektury. Wyrywałam jej z ręki książki i mówiłam:

„Chcesz tę koszulkę? Dam ci ją, jeśli chcesz". Widząc dezorientację na jej twarzy, naciskałam mocniej: „Jest całkiem nowa i śliczna. Ale jeśli jej nie chcesz, będę musiała ją wyrzucić. To ci nie przeszkadza?".

Moja biedna potulna siostra nie miała wyboru i mówiła: „No dobrze, wezmę ją".

Działo się to tak często, że moja siostra, która rzadko chodziła na zakupy, miała przepełnioną szafę. Chociaż nosiła niektóre z ubrań, które jej podarowałam, wielu z nich nie założyła ani razu. Mimo to dalej dawałam jej „prezenty". To były przecież ubrania dobrej jakości i, jak sądziłam, powinna się z nich cieszyć. Zdałam sobie sprawę ze swojego błędu dopiero, kiedy zaczęłam prowadzić działalność konsultantki i pracowałam z klientką, którą będę określać jako K...

K. była dwudziestolatką, która pracowała dla firmy kosmetycznej i mieszkała z rodzicami. Kiedy robiłyśmy przegląd jej ubrań, zauważyłam, że wybór ubrań jest nieco dziwny. Mimo że miała tyle ubrań, że można by nimi zapełnić średniej wielkości szafę, to ilość, jaką zdecydowała się zachować była bardzo mała. Jej odpowiedź na pytanie: „Czy to wywołuje w tobie radość?", prawie zawsze brzmiała: „Nie". Dziękując każdemu ubraniu za wypełnienie swojego zadania, przekazywałam je K. do odłożenia na kupkę do wyrzucenia. Za każdym razem widziałam na jej twarzy wyraz ulgi, kiedy wkładała do worka jakieś ubranie. Przyglądając się bliżej tej kolekcji, zauważyłam, że zdecydowała się zatrzymać zwyczajne koszulki, a odrzuciła ubrania w zupełnie innym stylu: obcisłe spódniczki i wydekoltowane topy. Kiedy ją o to zapytałam, powiedziała: „Dostałam je od siostry". Kiedy już wszystkie ubrania były posortowane i podjęła ostateczną decyzję, wyszeptała: „No proszę. Miałam tyle rzeczy, których nawet nie lubiłam". Ubrania po siostrze stanowiły jedną trzecią jej szafy, ale prawie żadne nie sprawiło jej radości. Chociaż nosiła niektóre z nich, ponieważ dostała je od siostry, to żadne jej się nie podobało.

To nie jest odosobniony przypadek. Zauważyłam, że ilość rzeczy wyrzucanych przez młodsze siostry jest znacznie większa, niż przez starsze, co z pewnością wynika z faktu, że młodsze dzieci są przyzwyczajone do noszenia ubrań po starszym rodzeństwie. Są dwa powody, dla których młodsze siostry magazynują ubrania, których nie lubią. Po pierwsze trudno jest wyrzucić coś, co otrzymało się od rodziny. Poza tym nie wiedzą, co właściwie im się podoba, i trudno im zdecydować, czy chcą to wyrzucić. Jako że otrzymują tyle ubrań od innych, zwykle nie potrzebują chodzić na zakupy i mają mniej okazji do wyrobienia sobie gustu.

Nie zrozumcie mnie źle. Oddawanie niepotrzebnych rzeczy innym to świetny pomysł. Jest to, po pierwsze, praktyczne. Po drugie, budująca jest świadomość, że rzeczy, które lubiliśmy, mogą również sprawić radość innym. Jednak wmuszanie rzeczy w członków rodziny tylko dlatego, że samemu nie jest się w stanie ich pozbyć, to co innego. Niezależnie od tego, czy ofiara jest siostrą czy bratem, rodzicem czy dzieckiem, tego nawyku należy się pozbyć. Wprawdzie moja siostra nigdy się nie skarżyła, ale jestem pewna, że przyjmowała rzeczy ode mnie z mieszanymi uczuciami. Zrzucałam na nią moje poczucie winy. Kiedy o tym pomyślę, jest mi wstyd.

Jeżeli chcesz coś oddać, nie wpychaj niczego innym osobom, ani nie wywołuj u nich poczucia winy. Dowiedz się, co lubią, a jeżeli znajdziesz coś, co do nich pasuje, dopiero wtedy im to pokaż. Możesz także im coś ofiarować pod warunkiem, że jest to coś, za co byliby gotowi zapłacić. Powinniśmy uszanować naszych bliskich i pomóc im uniknąć posiadania niechcianych i niepotrzebnych rzeczy.

Porządkowanie to dialog z samym sobą

„KonMari, czy chcesz pojechać ze mną pomedytować pod wodospadem?"

Dostałam to zaproszenie od klientki, uroczej kobiety, która w wieku 74 lat aktywnie działała w biznesie, była zapaloną narciarką oraz uczestniczką pieszych wypraw. Mawiała mimochodem: „Jadę nad wodospad", jakby chodziło o kąpiel w basenie. Miejsce, do którego mnie zabrała, nie było zatem dla osób początkujących, które jadą na swoją pierwszą wyprawę. Opuściłyśmy kwaterę o szóstej nad ranem, maszerowałyśmy po ścieżce górskiej, wspinałyśmy się nad przeszkodami, przeprawiłyśmy się przez rzekę, aż wreszcie trafiłyśmy do odległego wodospadu.

Nie opowiadam o tym w celu przybliżenia ci tej osobliwej formy rekreacji. Chcę wskazać na podobieństwo, jakie istnieje między medytacją pod wodospadem a sprzątaniem. Kiedy stoisz pod wodospadem, jedynym słyszalnym dźwiękiem jest jego ryk. Kiedy kaskada wody przepływa przez ciało, mija uczucie bólu i całe ciało drętwieje. Potem stopniowo zapadasz w trans medytacyjny, a po całym ciele rozchodzi się od wewnątrz ciepło. Chociaż nigdy przedtem nie próbowałam tej formy medytacji, uczucie, jakie we mnie wywołała, było znajome. Przypomina stan, jaki ogarnia mnie w trakcie sprzątania. Nie jest to do końca stan medytacji, ale są takie chwile w trakcie sprzątania, kiedy toczy się we mnie cicha rozmowa ze sobą. Dokładne rozpatrywanie czy dany przedmiot wywołuje we mnie radość, to jak rozmowa ze sobą samą poprzez posiadane przedmioty.

Z tego też powodu istnieje konieczność wygospodarowania spokojnego miejsca, w którym można zastanowić się nad swoim stanem posiadania. Nie powinno się w tym czasie słuchać muzyki. Niekiedy spotykam się z radami, aby w trakcie sprzątania słuchać wpadających w ucho piosenek, ale osobiście tego nie polecam. Mam wrażenie, że wszelkie dźwięki z zewnątrz tłumią wewnętrzny dialog między właścicielem a jego rzeczami. Nie może być mowy o oglądaniu telewizji. Jeżeli potrzebna ci jest muzyka w tle, wybierz łagodne melodie bez słów lub też klasyczne utwory. Jeżeli chcesz, aby sprzątanie nabrało rozpędu, wczuj się w atmosferę swojego pokoju, zamiast polegać na muzyce.

Najlepiej zacząć wcześnie rano. Rano twój umysł jest rześki i wypoczęty, a zdolność podejmowania decyzji wyostrzona. Z tego powodu zazwyczaj lekcje zaczynam rano. Najwcześniejsza lekcja, jaką przeprowadziłam, odbyła się o 6:30 i pracowało się nam o wiele szybciej niż zazwyczaj. Stan jasności umysłu, który osiągamy pod wodospadem, jest uzależniający. Podobnie kiedy uporządkujesz swoją przestrzeń, poczujesz niepohamowaną chęć zrobienia tego ponownie. W przeciwieństwie do medytacji pod wodospadem nie będziesz musiała przebywać dużych odległości i trudnych tras, żeby tam dotrzeć. Możesz się cieszyć tym samym efektem we własnym domu. To niesamowite, prawda?

Co zrobić, gdy nie potrafisz czegoś wyrzucić

Proponowanym przeze mnie kryterium zatrzymania danej rzeczy jest poczucie radości, którego doświadczamy, gdy dotykamy przedmiotu. Ludzka natura opiera się jednak wyrzucaniu rzeczy, nawet gdy jest to wskazane. Dużą trudność sprawiają nam rzeczy, których nie jesteśmy w stanie się pozbyć, nawet jeżeli nie wywołują w nas radości.

Istnieją dwa rodzaje ocen: oparte na intuicji i na racjonalnym myśleniu. Wybierając, co należy wyrzucić, przeszkodą bywa nasze racjonalne myślenie. Chociaż intuicja mówi nam, że przedmiot ten nie jest dla nas pociągający, rozsądek powołuje się na wiele różnych argumentów typu: „Mogę tego potrzebować" lub „Wyrzucanie tego byłoby marnotrawstwem". Myśli te krążą nam po głowie i nie sposób się od nich uwolnić.

Nie twierdzę, że wahanie się jest czymś złym. Niezdolność do podjęcia decyzji wskazuje na pewien rodzaj przywiązania do konkretnego przedmiotu. Nie wszystkie decyzje można podjąć w oparciu o samą intuicję. To dlatego powinniśmy dokładnie zastanowić się nad przeznaczeniem każdego przedmiotu i nie ulegać myśleniu o marnotrawstwie.

Kiedy natrafisz na coś, czego trudno się jest pozbyć, pomyśl dobrze, skąd w ogóle masz dany przedmiot. Kiedy go otrzymałaś i jakie wtedy miał dla ciebie znaczenie? Oceń rolę, jaką pełni w twoim życiu. Jeżeli na przykład masz kilka ubrań, które kupiłaś, ale nigdy ich nosiłaś, obejrzyj je po kolei. Kiedy kupiłaś tę konkretną sztukę ubrania i dlaczego? Jeżeli kupiłaś ją, ponieważ wyglądała ładnie w sklepie, to dała ci ona wtedy radość. Dlaczego jej więc nie nosisz? Czy dlatego, że zdałaś sobie sprawę, że do ciebie nie pasuje, kiedy przymierzyłaś ją w domu? Może więc nie kupujesz już ubrań w danym stylu lub kolorze? Spełniły one inną ważną rolę, ucząc cię, że właśnie takie rzeczy ci nie pasują. To konkretne ubranie spełniło swoje zadanie i możesz ze spokojem powiedzieć: „Dziękuję, że dałaś mi radość, kiedy cię kupiłam" lub „Dziękuję, że nauczyłaś mnie, co do mnie nie pasuje" i puść je wolno.

Nie wszystkie ubrania powinny być znoszone do podszewki. Każdy przedmiot ma inną rolę do odegrania. Tak samo jest z ludźmi. Nie każda osoba, którą poznasz, stanie się bliskim przyjacielem czy ukochanym lub ukochaną. Z niektórymi osobami trudno ci będzie się porozumieć. Te osoby nauczyły cię czegoś cennego – dzięki nim wiesz, co lubisz, i bardziej cenisz bliskie ci osoby.

Kiedy natrafisz na coś, czego nie możesz wyrzucić, pomyśl o tym, jaki jest prawdziwy cel twojego życia. Będziesz zaskoczona, jak wiele rzeczy, które posiadasz, spełniło już swoją rolę. Uznając ich wkład i pozwalając im odejść z wdzięcznością, będziesz potrafiła nadać kierunek swojemu życiu. Pozostaną z tobą tylko te rzeczy, które mają dla ciebie znaczenie.

Żeby móc się w pełni cieszyć rzeczami, które są dla ciebie ważne, musisz najpierw pozbyć się tych rzeczy, które spełniły swój cel. Wyrzucanie rzeczy, których nie potrzebujesz, nie jest ani marnotrawstwem, ani powodem do wstydu. Czy możesz z pełną szczerością stwierdzić, że cenisz coś, co leży na dnie twojej szuflady? Gdyby rzeczy miały uczucia, z pewnością nie byłyby z tego powodu uszczęśliwione. Uwolnij je z więzienia, pomóż im opuścić tę bezludną wyspę, na którą je skazałaś. Puść je wolno z wdzięcznością. Nie tylko ty, ale i te przedmioty zyskają nowy blask.

ROZDZIAŁ TRZECI

JAK SPRZĄTAĆ WEDŁUG KATEGORII

Kolejność sprzątania:

Zachowaj właściwą kolejność kategorii

Słychać trzask naciskanej klamki, drzwi otwierają się. Kobieta stojąca w drzwiach wygląda na nieco zestresowaną. „Dzień d-dobry". Moi klienci są zawsze nieco speszeni, kiedy przychodzę do ich domu. Spotkali się już ze mną kilkakrotnie, zatem napięcie nie jest wyrazem nieśmiałości, a raczej potrzeby zebrania się w sobie przed dużym wyzwaniem, które ich czeka.

„Czy myśli pani, że mój dom da się wysprzątać? Nie ma nawet gdzie stanąć".

„Nie wyobrażam sobie, żeby można to było zrobić w krótkim czasie".

„Mówi pani, że żaden z pani klientów nie wrócił do poprzedniego stanu, a co, jeśli będę pierwsza?"

Ekscytację i zdenerwowanie widać jak na dłoni, ale wiem, że każdy z moich klientów świetnie sobie poradzi. Nawet osoby leniwe albo z natury skłonne do bałaganienia są w stanie nauczyć się sprzątać, jeżeli tylko zastosują metodę KonMari.

Zdradzę ci sekret. Doprowadzenie domu do porządku daje radość! Proces dochodzenia do tego, jaki mamy stosunek do posiadanych rzeczy, które spełniły swój cel, wyrażenie wdzięczności i pożegnanie się z nimi, to tak naprawdę badanie swojego wnętrza, rytuał przejścia do nowego życia. Jedyną miarą jest twoje wyczucie, nie ma więc potrzeby poznawania skomplikowanych teorii czy zbierania danych liczbowych. Trzeba tylko postępować we właściwej kolejności. Zaopatrz się w dużą ilość worków na śmieci i nastaw się na dobrą zabawę.

Zacznij od ubrań, potem zajmij się książkami, papierami, różnościami (*komono*), a na końcu rzeczami, które mają dla ciebie wartość sentymentalną. Jeżeli będziesz systematycznie zmniejszała liczbę posiadanych rzeczy w tej kolejności, praca będzie postępowała zadziwiająco szybko. Zaczynając od rzeczy najłatwiejszych i pozostawiając najtrudniejsze na koniec, stopniowo rozwiniesz umiejętność podejmowania decyzji. Sprzątanie stanie się coraz łatwiejsze.

Jeżeli chodzi o pierwszą kategorię – ubranie, to zalecam podzielenie jej na mniejsze podkategorie:

- góra (koszulki, swetry itd.);
- dół (spodnie, spódnice id.);
- ubrania, które powinny być powieszone (marynarki, płaszcze, garnitury itd.);
- skarpetki;

- bielizna;
- torebki;
- dodatki (szaliki, paski, czapki itd.);
- ubrania na specjalne okazje (kostiumy kąpielowe, mundurki itd.);
- buty.

Tak, torebki i buty też zaliczam do ubrań.

Dlaczego taka kolejność jest najbardziej wskazana? Nie jestem do końca pewna, ale opierając się na doświadczeniu, które nagromadziłam, sprzątając przez połowę życia, mogę z całą pewnością stwierdzić, że to działa! Uwierz mi, że jeśli zachowasz tę kolejność, praca będzie przebiegać szybko i sprawnie. W krótkim czasie osiągniesz zaskakujące rezultaty. Co więcej, ze względu na to, że zachowasz tylko te rzeczy, które naprawdę lubisz, zwiększy się poziom twojej energii. Nawet jeżeli będziesz fizycznie zmęczona, to jednocześnie tak uskrzydlona uwolnieniem się od niepotrzebnych rzeczy, że trudno ci będzie przestać.

Najważniejsze jednak jest podjęcie decyzji, co chcesz zatrzymać. Ocena, które rzeczy przyniosą ci radość, jeśli je zatrzymasz. Wybieraj je tak, jak gdyby miały się znaleźć na wystawie ulubionego sklepu. Zrozumiawszy podstawowe zasady, ułóż wszystkie ubrania w jeden stos, bierz każdą sztukę po kolei do ręki i zadawaj sobie pytanie: „Czy to wywołuje we mnie radość?". Tak właśnie zaczyna się festiwal sprzątania.

Ubrania:

Zbierz każdą sztukę ubrania znajdującą się w domu i ułóż na podłodze

Pierwszy krok to sprawdzenie każdej szafy, szafki i szuflady w domu i zebranie ubrań w jednym miejscu. Zajrzyj do każdej szafy i szafki. Upewnij się, że zebrałaś dosłownie każdą sztukę ubrania. Kiedy klientka sądzi, że już skończyła, zawsze zadaję jej pytanie: „Czy jesteś pewna, że w domu nie została ani jedna sztuka ubrania?". Potem dodaję: „Jeżeli znajdziemy jakieś ubrania, automatycznie pójdą na stos odrzuconych". Pokazuję jej, że mówię poważnie. Nie mam zamiaru pozwolić jej nic zatrzymać, po tym jak skończymy proces sortowania. Odpowiedź brzmi zwykle: „Chwileczkę. Chyba jest coś jeszcze w szafie męża", albo: „Zdaje się, że powiesiłam jakiś ciuch w korytarzu". Po tym następuje bieganina po domu w poszukiwaniu ostatnich sztuk ubrań. To ultimatum brzmi kategorycznie, ale kiedy moi klienci wiedzą, że mają przed sobą nienaruszalny termin, przypominają sobie o pozostałych ubraniach, gdyż nie chcą stracić szansy na podjęcie decyzji. Rzadko spełniam swoją groźbę, ale jeżeli ktoś nie pamiętał o jakimś ubraniu, widocznie nie wzbudza ono w nim radości, dlatego jestem bezwzględna. Jedyny wyjątek stanowią ubrania, które znalazły się w praniu.

Kiedy wszystkie ubrania zostały zebrane razem, sam zestaw ubrań z kategorii góra zwykle sięga do kolan. Znajdują się tu ubrania na każdą porę roku od koszulek przez kamizelki po swetry robione na drutach. Zwykle liczba ubrań na tej kupce wynosi około 160. Większość ludzi jest zadziwionych samą ilością posiadanych rzeczy. W tym momencie mówię zwykle: „Zacznijmy od ubrań spoza sezonu". Nieprzypadkowo wybieram ubrania spoza sezonu na początek przygody ze sprzątaniem. To w tej kategorii najłatwiej się wsłuchać w swoją intuicję.

Gdybyśmy zaczynali od ubrań, które klient aktualnie ma na sobie, mógłby pomyśleć: „To nie wzbudza we mnie radości, ale miałem to na sobie wczoraj" lub „Nie będę miał co na siebie włożyć, co ja zrobię?". Trudniej byłoby podjąć obiektywną decyzję. Jako że ubrania pozasezonowe nie są pilnie potrzebne, o wiele łatwiej jest zastosować proste kryterium radości. Jest jedno pytanie, które polecam zadać sobie podczas sortowania ubrań spoza sezonu: „Czy będziesz chciała założyć to ubranie w następnym sezonie?". Lub też: „Czy gdyby temperatura nagle się zmieniła, to czy założyłabyś to ubranie?".

Odpowiedz sobie na pytanie: „Czy chcę jeszcze oglądać to ubranie?". Jeśli niekoniecznie, to odrzuć je. A jeśli nosiłaś je często w ubiegłym sezonie, nie zapomnij wyrazić swojej wdzięczności. Możesz obawiać się, że przez tę zasadę nie zostanie ci nic do noszenia. Ale nie martw się. Może wydawać się, że wyrzuciłaś dużo, jednak jak długo wybierasz ubrania, których noszenie sprawia ci przyjemność, pozostanie ci taka ilość, jakiej potrzebujesz.

Kiedy już wdrożysz się w wybieranie tego, co lubisz, będziesz mogła przejść do ubrań z sezonu. Pamiętaj, żeby zgromadzić wszystkie ubrania w domu i zająć się każdą sztuką po kolei.

Tabu ubrań noszonych po domu

Wydaje się, że wyrzucenie czegoś, co nadaje się jeszcze do użytku, jest marnotrawstwem (zwłaszcza, jeżeli sami to kupiliśmy). W takich przypadkach klienci pytają mnie, czy ubrania, o których wiedzą, że nie założą ich, wychodząc na miasto, mogą zatrzymać do noszenia w domu. Gdybym odpowiedziała „tak", to góra ubrań domowych urosłaby do rozmiarów większych niż pozostałe.

Muszę jednocześnie przyznać, że sama postępowałam identycznie z ubraniami, o których wiedziałam, że już nie założę ich, wychodząc z domu. Znoszone swetry, stare sukienki, które już na mnie nie pasowały i których nie nosiłam – wyrobiłam sobie nawyk degradowania ich do roli „ubrań domowych", zamiast je wyrzucić. Jednak w dziewięciu na dziesięć przypadków w ogóle ich nie nosiłam.

Wkrótce odkryłam, że wielu z moich klientów miało całe zbiory nieużywanych ubrań domowych. Ich odpowiedzi na pytanie, czemu ich nie noszą, wiele mówiły: „Nie umiem się w tym zrelaksować" lub „Noszenie tego po domu wydaje się marnotrawstwem, skoro miało to być ubranie na wyjścia". Innymi słowy, tych odrzutów nie można było zaliczyć do ubrań domowych. Jest to zwykle strategia opóźniająca wyrzucanie ubrań, które nie wywołują radości. Są sklepy, w których można kupić ubrania przeznaczone do noszenia po domu i posiadające specjalny materiał i krój, ułatwiający relaks. To oczywiście zupełnie inny rodzaj ubrań niż ten, który nosimy na zewnątrz. Bawełniane koszulki to prawdopodobnie jedyny typ ubrania, który można przerzucić do tej kategorii.

Nie widzę sensu w trzymaniu ubrań, które nas nie cieszą ani w których nie możemy się odprężyć w domu. Czas spędzony w domu jest ważną częścią naszego życia. Nie powinniśmy umniejszać jego wartości tylko dlatego, że nikt obcy nas nie widzi. Już dzisiaj przełam nawyk degradowania ubrań, które już cię nie cieszą, do roli ubrań noszonych po domu. Prawdziwym marnotrawstwem jest trzymanie i noszenie na siłę ubrań, których nie lubisz, chociaż dążysz do stworzenia odpowiedniej przestrzeni dla upragnionego stylu życia. To właśnie dlatego, że nikt cię nie obserwuje, warto wzmacniać pozytywny wizerunku, nosząc ubrania, które lubisz.

To samo odnosi się do piżam. Uważam, że kobiety powinny nosić w nocy coś eleganckiego i kobiecego. Najgorsza rzecz, jaką możesz zrobić, to chodzić w niechlujnym dresie.

Czasem natrafiam na osoby, które ubierają się tak cały czas, czy to w dzień, czy w nocy. Jeżeli na co dzień nosisz wyłącznie dresy, to będziesz w końcu wyglądała tak, jakby były one nieodłączną częścią ciebie, co nie jest zbyt atrakcyjne. Ubrania, które nosisz w domu, wpływają na twój własny obraz.

Przechowywanie ubrań:

Składaj ubrania prawidłowo, a rozwiążesz problem z ich przechowywaniem

W trakcie procesu selekcji klientom zostaje przeważnie jedna trzecia ubrań w stosunku do początkowej ilości. Jako że ubrania, które chcą zatrzymać, w dalszym ciągu leżą na podłodze, czas zacząć je układać w szafie. Zanim jednak opiszę ten krok, podzielę się z tobą pewną historią.

Miałam klientkę, której problemu nie byłam w stanie zrozumieć. Była to pięćdziesięcioletnia gospodyni domowa. W czasie wstępnej rozmowy opowiedziała mi, że nie ma wystarczająco miejsca w domu i nie może pomieścić swoich ubrań. Jednak z analizy rozkładu jej domu było jasne, że nie tylko miała dwie duże szafy tylko dla siebie, ale i że były one półtora raza większe niż zazwyczaj. Mimo że ilość dostępnego miejsca powinna była jej w pełni wystarczyć, klientka korzystała jeszcze ze stojaka na ubrania oraz dwu dodatkowych wieszaków.

Ze zdumieniem obliczyłam, że w szafie mogło być ponad 2000 ubrań. Dopiero kiedy odwiedziłam ją w domu, zrozumiałam, o co chodziło. Na widok zawartości jej szafy stanęłam jak wryta. Wydawało się, że trafiłam do pralni. Na wieszakach wisiały nie tylko płaszcze, spódnice, ale i koszulki, swetry, torebki, a nawet bielizna.

Moja klientka natychmiast zaczęła mi szczegółowo objaśniać swoją kolekcję wieszaków. „Ten jest specjalnie przystosowany do trykotów, żeby nie zsuwały się z wieszaka. A te są robione ręcznie. Kupiłam je w Niemczech". Po pięciominutowym wykładzie spojrzała na mnie z zadowoleniem i stwierdziła: „Na wieszaku ubrania w ogóle się nie gniotą. I dłużej zachowują swoją trwałość, prawda?". Wypytując ją dalej, odkryłam, że w ogóle nie składała żadnych swoich ubrań.

Istnieją dwa sposoby przechowywania ubrań: można powiesić je na wieszakach albo ułożyć na półkach lub włożyć do szuflad. Rozumiem, dlaczego można chcieć wieszać ubrania. Wydaje się, że korzystanie z nich będzie wymagało mniej wysiłku. Zalecam jednak składanie jako główną metodę przechowywania ubrań. *Składanie ubrań i odkładanie ich na półkę jest takie żmudne. O wiele łatwiej jest powiesić je na wieszaku i włożyć do szafy.* Jeżeli tak sądzisz, to nie pojęłaś jeszcze w pełni znaczenia składania.

Złożone ubrania zajmują o wiele mniej przestrzeni. W zależności od grubości ubrań, można zmieścić od 20 do 40 sztuk ubrań w przestrzeni, w której pomieści się zaledwie 10 sztuk na wieszakach. Klientka, którą opisałam powyżej, miała tylko trochę więcej ubrań niż przeciętna osoba. Gdyby je składała, z łatwością zmieściłaby je w swoich szafach. Staranne złożenie ubrań pozwala rozwiązać prawie każdy problem związany z ich przechowywaniem. To nie jedyny efekt składania. Prawdziwą korzyść przynosi kontakt z każdą sztuką ubrania. Kiedy dotykasz materiału, przenosisz na niego swoją energię. Japońskie słowo „leczenie" – *te-ate*, dosłownie oznacza „przyłożyć ręce". Termin ten powstał, zanim rozwinęła się współczesna medycyna. Wierzono, że dotknięcie zranionego miejsca może je uleczyć. Doskonale wiemy, że łagodny kontakt fizyczny ze strony rodzica, taki jak trzymanie za rękę, gładzenie po głowie czy przytulanie, uspokaja dzieci.

Podobnie delikatny masaż dłonią rozluźnia napięte mięśnie o wiele lepiej niż jakiekolwiek urządzenie do masażu. Energia, która przepływa przez ludzkie dłonie do naszej skóry, leczy ciało i duszę.

Tak samo jest z ubraniami. Kiedy bierzemy w dłonie jakieś nasze ubranie i starannie je składamy, przekazujemy mu energię, co pozytywnie na nie wpływa. Właściwe złożenie ubrania napręża materiał i wygładza zagniecenia. Materiał jest mocniejszy i bardziej sprężysty. Starannie złożone ubrania charakteryzują się połyskiem, który łatwo jest zauważyć, i na tej podstawie odróżnić od tych, które były byle jak złożone w szufladzie. Czynność składania nie tylko pozwala na zmniejszenie objętości ubrań. To wyraz troski, miłości i docenienia ubrań, które wspierają cię w realizacji planów życiowych. Składając ubrania, powinniśmy włożyć w to nasze serce i podziękować im za ochronę naszego ciała.

Składanie upranych i wysuszonych ubrań to także okazja, żeby dokładnie im się przyjrzeć. Możemy na przykład zauważyć, w których miejscach tkanina się przetarła czy też zniszczyła. Składanie to jak rozmowa z własną garderobą. Tradycyjne japońskie stroje kimono i jukata były zawsze składane w prostokąt, aby idealnie zmieściły się w szufladach dostosowanych do ich uniwersalnych wymiarów. Chyba nie ma drugiej takiej kultury na świecie, w której meble byłyby tak idealnie dopasowane do ubrań. Japończycy szybko potrafią docenić przyjemność, jaką daje składanie ubrań, prawie tak, jak gdyby byli zaprogramowani do tej czynności.

Jak składać ubrania, żeby wyglądały idealnie

Pranie jest już zrobione, ubrania można odłożyć do szafy. Wiele osób na tym etapie przeżywa moment blokady. Składanie ubrań wydaje się dodatkowym obciążeniem, zwłaszcza w perspektywie ponownego ich założenia w niedalekiej przyszłości. Często nie chcemy sobie zawracać głowy, co kończy się rosnącą górą ubrań na podłodze. Codziennie wybieramy sobie coś do noszenia z tej góry ubrań, a ona dalej się rozrasta, pokrywając coraz większą powierzchnię.

Nie przejmuj się, jeśli opis ten pasuje do ciebie. Żaden z moich klientów nie umiał składać ubrań, zanim nie wziął udziału w moich lekcjach. Tak naprawdę wielu przyznało, że do tej pory po prostu z zasady nie składało ubrań. Otwierałam szafy tak pełne ubrań, że wyglądały jak zapakowane próżniowo, oraz zaglądałam do szuflad, w których ubrania były skręcone jak makaron świderki. To tak, jak gdyby moi klienci nigdy nie słyszeli o składaniu ubrań. Po ukończeniu mojego kursu wszyscy bez wyjątku mówią, że „składanie jest przyjemne".

Jedna z moich klientek, dwudziestoletnia kobieta, tak nienawidziła składać ubrań, że robiła to za nią matka. W czasie kursu jednak na tyle polubiła tę czynność, że nawet nauczyła własną matkę, jak to robić prawidłowo. Kiedy już opanujesz technikę odpowiedniego składania ubrań, będziesz czerpała z niej przyjemność każdego dnia i uznasz ją za umiejętność, która przyda się na całe życie. Brak umiejętności składania to duża strata. Pierwszym krokiem jest wizualizacja wnętrza swojej szuflady. Celem powinno być takie ułożenie jej zawartości, żeby widzieć każdy jej element od razu, tak jak widoczne są grzbiety książek na półce. Kluczowe jest tu ułożenie pionowe. Niektórzy ludzie naśladują ułożenie w sklepie i układają każdą sztukę ubrania w duży kwadrat, a potem tworzą warstwy jedna na drugiej. To świetny sposób ułożenia podczas wyprzedaży w sklepie, ale nienajlepszy sposób na ułożenie w domu, w którym nasze związki z ubraniami są długoterminowe.

Żeby złożyć ubrania pionowo, muszą one mieć bardziej kompaktowy kształt, co oznacza, że trzeba je złożyć większą liczbę razy. Niektórzy sądzą, że kilkakrotnie złożone ubranie będzie bardziej pogniecione, ale tak nie jest. Ubrania gniotą się nie od liczby złożeń, a od przyłożonego nacisku. Nawet delikatnie złożone ubrania będą się marszczyć, jeśli są trzymane na stosie, ponieważ ciężar ubrań działa jak praska. Można to porównać do złożenia jednej i dziesięciu kartek papieru na raz. O wiele trudniej jest uzyskać precyzyjną linię podziału, kiedy składamy ryzę papieru.

Kiedy już wyobrazisz sobie, jak chcesz, żeby wyglądało wnętrze twojej szuflady, możesz zacząć składać. Każda sztuka ubrania powinna być złożona w równy i gładki prostokąt. Zegnij ubranie na pół, tak żeby przód znalazł się w środku i wsuń do środka rękawy, aby uzyskać kształt prostokąta. Nieważne, jak złożysz rękawy. Teraz chwyć koniec prostokąta i złóż go do przeciwległego brzegu. Następnie złóż go ponownie na pół lub na trzy. Ubranie należy złożyć tyle razy, żeby można je ustawić pionowo, dopasowując do wysokości szuflady. To podstawowa zasada. Jeżeli złożone ubranie będzie miało prawidłowy kształt, ale będzie za wiotkie, aby trzymać się w pionie, oznacza to, że sposób składania nie pasuje do typu ubrania. Każde ubranie posiada swój idealny punkt zgięcia. Zależy to od rodzaju materiału i rozmiaru odzieży, dlatego będziesz musiała wypróbowywać podaną metodę, aż uzyskasz pożądany rezultat. Nie jest to trudne. Dopasowując wysokość złożonego ubrania tak, aby stało pionowo, z łatwością uzyskasz idealny stan.

Składanie będzie jeszcze łatwiejsze, jeżeli cienki i miękki materiał złożysz ciaśniej, tak aby ubranie miało małą szerokość i wysokość, a gruby i puszysty materiał złożysz luźniej. Kiedy jeden koniec ubrania jest grubszy niż pozostała część, pomaga przytrzymanie cieńszego końca w czasie składania. Nic nie przynosi większej satysfakcji niż znalezienie tego idealnego punktu. Poczujesz, że kształt ubrania jest taki, jaki powinien być, kiedy trzymasz go w ręce. To jak nagłe olśnienie – *A więc tak to powinno być złożone!* – to szczególna chwila, kiedy twój umysł i ubranie komunikują się ze sobą. Uwielbiam patrzeć, jak w tym momencie rozjaśniają się twarze moich klientów.

Układanie ubrań:

Jak „ożywić" swoją szafę

To niesamowite uczucie, kiedy otwierasz szafę, a tam widzisz starannie powieszone ubrania. W szafach moich klientów panuje taki bałagan, że samo ich otwarcie wymaga odwagi, nie mówiąc już o tym, że trudno w nich cokolwiek znaleźć.

Są tego dwie możliwe przyczyny. Po pierwsze szafa jest przepełniona. Jedna z moich klientek wepchnęła tam tyle ubrań, że wyciągnięcie jednego zabierało jej dobre trzy minuty. Wieszaki były tak ściśnięte obok siebie, że kiedy wreszcie, mocując się z ubraniami, zdołała któreś z nich wyciągnąć z szafy, te wiszące obok, wypadały jak grzanka z opiekacza. Zrozumiałam, dlaczego nie korzystała z szafy przez długi czas. To może skrajny przykład, ale zwykle trzyma się w szafie o wiele więcej rzeczy, niż to konieczne. Dlatego właśnie zalecam składanie ubrań, kiedy tylko jest to możliwe. Oczywiście, niektóre ubrania lepiej powiesić na wieszaku. Należą do nich płaszcze, garnitury, marynarki, spódnice i sukienki. Zwykle radzę, aby wieszać ubrania, które lepiej wyglądają powieszone, na przykład te z miękkiego materiału, który powiewa na wietrze albo o dopasowanym wykroju, które ciężko się składają. Takie ubrania należy od razu powiesić. Kolejna przyczyna nieuporządkowanej szafy tkwi w braku wiedzy. Wielu ludzi po prostu nie umie ułożyć swoich ubrań na wieszakach. Podstawową zasadą jest powieszenie ubrań z tej samej kategorii obok siebie, dzieląc miejsce w szafie na marynarki, garnitury itd. Ubrania, tak jak i ludzie, rozluźniają się w towarzystwie podobnych do siebie osób, dlatego ułożenie ubrań z tej samej kategorii daje im większy komfort. Samo zastosowanie tej zasady przemieni twoją szafę.

Oczywiście wielu ludzi będzie twierdziło, że nawet ułożenie ubrań według kategorii nie zapewni porządku na długo. Pozwól, że podzielę się sekretem utrzymania porządku w szafie, nad którym zwykle tak ciężko pracujesz. Ułóż swoje ubrania tak, żeby „wznosiły się do prawej". Poświęć chwilę i narysuj dwie strzałki – wznoszącą się do prawej i opadającą do prawej. Możesz to zrobić na kartce papieru, a potem w powietrzu. Czy zwróciłaś uwagę, że kiedy rysujesz strzałkę wznoszącą, to czujesz się lżej? Linie, które wznoszą się do prawej, zwiększają komfort. Stosując tę zasadę przy organizacji własnej szafy, możesz uatrakcyjnić jej wygląd.

Ciężkie ubrania powinny wisieć po lewej, a lekkie po prawej. Ciężkie ubrania to także te, które są zrobione z cięższego materiału i mają ciemniejszy odcień. Przemieszczając się ku prawej, długość powinna maleć, materiał robić się cieńszy, a kolor jaśniejszy. Płaszcze należy powiesić od lewej, potem sukienki, spodnie, spódnice i bluzki. To podstawowa kolejność, ale zależy też ona od tego, jakiego typu ubrania masz w szafie i co oznacza ciężkie w danej kategorii. Postaraj się uzyskać efekt wznoszenia się ubrań do prawej. Ułóż także dodatkowo ubrania w każdej kategorii od ciężkich do lekkich. Kiedy stoisz przed szafą, która została przeorganizowana tak, aby ubrania wznosiły się do prawej, poczujesz przyśpieszone bicie serca i energię pulsującą w ciele. Ta energia przeniesie się na twoje ubrania. Nawet kiedy zamkniesz drzwi szafy, pokój będzie wydawał się bardziej zadbany. Kiedy doświadczysz tego stanu, już zawsze będziesz układać ubrania w ten sposób.

Wątpliwości może budzić poświęcanie aż takiej uwagi szczegółom i czy rzeczywiście przekłada się to na zmianę, ale po co tracić czas na wątpliwości, jeżeli możesz wypróbować magiczne sposoby uporządkowania swojej przestrzeni? Przeorganizowanie szafy zajmie ci 10 minut, zachęcam więc, aby spróbować. Nie zapomnij jednak, że najpierw musisz ograniczyć zawartość szafy do rzeczy, które lubisz.

Przechowywanie skarpet:

Traktuj skarpety i rajstopy z szacunkiem

Czy wydawało ci się kiedykolwiek, że robisz coś dobrego, ale potem przekonałaś się, że to kogoś zraniło? W tamtym czasie nie pomyślałaś o uczuciach drugiej osoby. Podobnie traktujemy nasze skarpety.

Odwiedziłam któregoś dnia dom pięćdziesięcioletniej klientki. Jak zawsze zaczęłyśmy porządkowanie od jej ubrań. Poradziłyśmy sobie z jej szafą w dość szybkim tempie, zakończyłyśmy układać bieliznę i doszłyśmy do skarpet.

Kiedy otworzyła szufladę ze skarpetami, przeżyłam szok. Była pełna zrolowanych kłębków i zawiniątek w kształcie bulw ziemniaka. Zwinęła skarpetki tak, żeby tworzyły kulę i związała razem rajstopy. Zaniemówiłam. Moja klientka, ubrana w świeżo wyprasowany biały fartuszek, uśmiechnęła się do mnie i powiedziała: „Łatwo je znaleźć i założyć, prawda?". Często spotykam się z takim podejściem u moich uczniów, ale nie przestaje mnie ono dziwić. Oświadczam, że nigdy, ale to przenigdy nie należy wiązać rajstop ani pończoch. Nigdy nie wolno też rolować skarpetek w kulkę.

Wskazałam na zrolowane skarpetki i poprosiłam moją klientkę, aby przyjrzała im się uważnie. „Powinien to być czas ich wypoczynku. Czy sądzisz, że są w stanie w ten sposób odpocząć?"

Dokładnie tak. Skarpetki i rajstopy leżące w szufladzie są na urlopie. Codziennie są brutalnie obijane w drodze do pracy, uwięzione między stopą a butem. Stale znoszą nacisk i tarcie, służąc jako ochrona stóp. Czas spędzony w szufladzie to ich jedyna szansa na odpoczynek. Jeżeli są złożone, zrolowane albo związane, pozostają w stanie napięcia, a ściągacze są rozciągnięte. Zwinięte kłębki wpadają na siebie za każdym razem, kiedy otwierasz i zamykasz szufladę. O skarpetach czy rajstopach nieszczęśliwie zepchniętych w głąb szuflady często całkowicie zapominamy, gumki ich ściągaczy parcieją i skarpety nie nadają się do noszenia... Kiedy właściciel wreszcie je znajduje i zakłada, spadają z nóg i trzeba je wyrzucić. Czy można sobie wyobrazić gorsze traktowanie?

Zacznijmy od tego, jak należy składać rajstopy. Jeżeli są zawiązane, najpierw je rozsupłaj i ułóż płasko. Palce powinny spoczywać jedne na drugich, a całe rajstopy złożone wzdłuż na pół. Następnie złóż je na trzy, upewniając się, że palce są skierowane do środka, nie na zewnątrz i że ściągacz lekko wystaje. W końcu zroluj je w kierunku ściągacza. Jeżeli na końcu ściągacz jest na zewnątrz, to zrobiłaś to prawidłowo. Tak samo złóż pończochy. Rajstopy z grubszego materiału (np. na zimę), łatwiej jest zrolować, jeżeli złożysz je na połowę, zamiast na trzy. Chodzi o to, żeby rajstopy były napięte i naprężone jak ruloniki sushi.

Przechowując rajstopy w szufladzie, ułóż je tak, aby było widać ściągacz. Jeżeli trzymasz je w plastikowych szufladach, polecam włożyć je do pudełek, żeby się nie ślizgały ani nie rozwinęły. Idealną przegródką dla rajstop jest pudełko na buty. Metoda ta ma same zalety. Pozwoli ci na jeden rzut oka ocenić, ile masz par rajstop, chroni je przed uszkodzeniem i zgnieceniem. Łatwiej je będzie zatem założyć.

Składanie skarpet jest jeszcze łatwiejsze. Jeżeli są zwinięte w kłębki, to je rozwiń. Ułóż skarpetki jedną na drugiej i zastosuj taką samą technikę, co przy składaniu ubrań. Stopki wystarczy tylko złożyć na pół, skarpetki sięgające do kostki na trzy, a podkolanówki oraz skarpety za kolano od czterech do sześciu razy. Złóż skarpetki tak, żeby miały odpowiednią wysokość w stosunku do szuflady. To łatwe. Po prostu uzyskaj kwadrat, to najważniejsza zasada składania. Ustaw skarpetki na boku, tak jak ubrania. Będziesz zadziwiona, jak mało miejsca potrzebujesz w porównaniu do zrolowanych kulek. Skarpetki odetchną z ulgą.

Kiedy widzę japońskich uczniów, którzy noszą długie skarpetki zrolowane u góry jak obwarzanki, mam ochotę poinstruować ich, jak należy nosić skarpetki.

Ubrania sezonowe:

Nie trzymaj ubrań pozasezonowych osobno

Czerwiec w Japonii to pora deszczowa. To także pora na *koromogae*, a więc zmiany ubrań na letnie. Kilka tygodni wcześniej zaczyna się pakowanie i układanie ubrań na zimę i wyjmowanie ubrań na lato. Kiedy tylko zbliża się ta pora roku, przypominam sobie, że i ja tak robiłam. Przez lata jednak nie odkładano ubrań pozasezonowych. Zwyczaj *koromogae* zapoczątkowany był w Chinach i wprowadzony do Japonii jako rytuał dworski w okresie Heian (794–1185). Dopiero pod koniec dziewiętnastego wieku, kiedy to robotnicy i uczniowie zaczęli nosić mundurki, zwyczaj ten wprowadzono do firm i do szkół. Firmy i szkoły zmieniały mundurki na letnie na początku czerwca i zimowe na początku października. Innymi słowy, zasadę te stosowano w organizacjach, a nie było tak naprawdę potrzeby rozszerzania jej na gospodarstwa domowe.

Jak każda Japonka i każdy Japończyk byłam przekonana, że i ja powinnam przechowywać oddzielnie sezonowe ubrania i rozpakowywać ubrania dwa razy do roku w czerwcu i w październiku. Dwa miesiące zajmowało mi opróżnianie i ponowne zapełnianie szafy i szuflad. Mówiąc szczerze, ten zwyczaj był dla mnie utrapieniem. Jeżeli sukienka, którą miałam ochotę założyć, znajdowała się w pudełku na najwyższej półce, wydawało mi się, że sięgnięcie po nią wymaga za dużo zachodu. Zamiast tego wkładałam więc co innego. Bywały lata, że nie rozpakowywałam ubrań letnich aż do lipca, a do tego czasu zdarzało mi się kupić ubrania podobne do tych, jakie już miałam. Kiedy wreszcie wyjmowałam ubrania letnie, na dworze znowu robiło się zimno.

Zwyczaj chowania ubrań pozasezonowych nie jest na czasie. Wraz z wprowadzeniem klimatyzacji i centralnego ogrzewania, nasze domy podlegają już mniejszemu wpływowi pogody z zewnątrz. Często widzi się ludzi noszących w pomieszczeniach koszulki z krótkimi rękawami nawet zimą. Czas zatem porzucić zwyczaj sezonowej zmiany zawartości szafy i trzymać wszystkie ubrania w pogotowiu.

Moim klientom takie podejście bardzo odpowiada, zwłaszcza że mogą łatwo znaleźć to, czego potrzebują. Nie trzeba tu stosować żadnej skomplikowanej techniki. Wystarczy zorganizować ubrania w oparciu o zasadę, że ubrania pozasezonowe nie będą schowane w innym miejscu. Nie należy tworzyć nadmiernej liczby kategorii. Podziel swoje ubrania na zrobione z materiału przypominającego bawełnę i wełnę. Należy unikać podziału według pory roku – lato, zima, jesień i wiosna lub na podstawie zajęcia (praca, rozrywka), gdyż jest on zbyt mglisty. Jeżeli przestrzeń u klienta jest bardzo ograniczona, proszę, żeby umieścił osobno pozasezonowe rzeczy, takie jak kostiumy kąpielowe, kapelusze przeciwsłoneczne na lato, a na zimę szale, rękawiczki i kapelusze. Płaszcze na zimę są duże, więc można je zostawić w szafie.

Oto kilka przydatnych rad dotyczących przechowywania rzeczy spoza sezonu, dla osób, które mają mało miejsca. Wielu ludzi trzyma te rzeczy w plastikowych pudłach. To najmniej efektywny sposób przechowywania rzeczy. Kiedy już coś znajdzie się w szafie, z pewnością będzie leżało na górze, a otwieranie tego pudła, to dodatkowa praca. Łatwo zapomnieć o pudle aż do zakończenia sezonu. Jeżeli planujesz zakupić sprzęt służący do przechowywania rzeczy, proponuję zainwestować w komodę. Nie chowaj ubrań głęboko w szafie, nawet jeżeli są spoza sezonu. Zbyt długo schowane ubrania wyglądają na sfatygowane, jakby ktoś je wygniótł. Wpuść do nich od czasu do czasu trochę powietrza. Otwórz szufladę i dotknij jej zawartości. Daj znać ubraniom, że dbasz o nie i cieszysz się na okazję do ich założenia. Taka komunikacja pomaga utrzymać żywotność ubrań i umacnia więź między wami.

Przechowywanie książek:

Rozłóż wszystkie książki na podłodze

Kiedy już rozmieścisz ubrania, czas przejść do książek. Książki to jedna z tych rzeczy, których najtrudniej się pozbyć. Wiele ludzi mówi, że nie mogą się rozstać z książkami, niezależnie czy są zapalonymi czytelnikami, czy też nie. Tak naprawdę chodzi o sposób, w jaki rozstają się z książkami.

Jedna z moich klientek, trzydziestoletnia kobieta, pracująca dla firmy konsultingowej, kochała książki. Nie tylko przeczytała każdą aktualną książkę na temat biznesu, ale też posiadała bogaty zbiór powieści i książek ilustrowanych. Jej pokój był wypełniony pod brzegi książkami. Oprócz trzech regałów pod sufit, podłogę w jej pokoju zajmowało 20 stosów książek sięgających jej po pas. Kiedy tam weszłam, musiałam bardzo uważać, żeby na nie nie wpaść.

Powiedziałam jej to, co mówię wszystkim klientom: „Zacznij od zdjęcia książek z półek i rozłożenia ich na podłodze".

Otworzyła szeroko oczy ze zdziwienia: „Wszystkie? Strasznie ich tu dużo".

„Tak, wiem. Ale zdejmij je wszystkie".

„Ale..." – zawahała się przez chwilę, jakby szukając właściwych słów. „Czy nie łatwiej będzie dokonać wyboru, teraz kiedy są na półkach i widzę ich tytuły?"

Książki zwykle są ustawione na półkach w rzędach, dzięki czemu ich tytuły są widoczne, tak więc rzeczywiście wydaje się, że segregowanie ich wtedy, kiedy są na półkach ma większy sens. Poza tym książki są ciężkie. Zdejmowanie ich z półek po to, żeby włożyć je tam z powrotem, wydaje się stratą czasu. Mimo to nie pomijaj tego kroku. Zdejmij wszystkie książki z regałów. Nie będziesz w stanie ocenić, czy dana książka przyciąga twoją uwagę, dopóki nie weźmiesz jej do ręki. Książki, które leżą niedotykane przez dłuższy czas na półce, podobnie jak ubrania i inne rzeczy, są w stanie uśpienia. Inaczej mówiąc, są niewidoczne. Na pierwszy rzut oka są niewidzialne, tak jak zielony konik polny na łące, który zlewa się ze swoim otoczeniem.

Jeżeli zadasz sobie pytanie: „Czy to wzbudza moją radość?", patrząc na rzeczy leżące na półkach czy w szufladach, to nie będziesz umiała odpowiedzieć na to pytanie. Dopiero kiedy wydobędziesz rzeczy ze stanu uśpienia, będziesz mogła zdecydować, czy chcesz je wyrzucić czy zatrzymać. Będziesz też miała łatwiejszy dostęp do książek na podłodze i będziesz mogła je przesuwać albo przekładać.

Tak jak delikatne potrząśnięcie może zbudzić śpiącego ze snu, tak poruszenie czy dotknięcie przedmiotu i wystawienie go na powietrze i światło przywraca mu „żywotność".

Pomagając klientom sprzątać domy i biura, staję przed górą książek i klaszczę w dłonie albo delikatnie gładzę okładki książek. Chociaż moi klienci patrzą na mnie z początku ze zdziwieniem, to potem sami odkrywają, o ile łatwiej i precyzyjniej są w stanie dokonać wyboru. Widzą czego dokładnie potrzebują, a czego nie. Trudno jest wybierać książki, gdy stoją w dalszym ciągu na półce. Jeżeli książek jest za dużo, żeby je wszystkie ułożyć na podłodze, proszę klientów, żeby utworzyli z nich cztery szerokie działy:

- ogólne (czytane dla przyjemności);
- praktyczne (encyklopedie, książki kucharskie itd.);
- wizualne (albumy, kolekcje fotografii itd.);
- magazyny.

Kiedy już rozdzielisz książki, weź każdą po kolei do ręki i zdecyduj, czy chcesz ją zatrzymać, czy odrzucić. Kryterium wyboru pozostaje oczywiście przypływ radości w momencie dotyku. Pamiętaj, żeby *dotknąć* książkę. Nie zaczynaj jej czytać! Czytanie utrudnia dokonanie trafnego wyboru. Zamiast zadawać sobie pytanie, co czujesz, zaczniesz zastanawiać się, czy przeczytałaś tę książkę, czy nie. Wyobraź sobie, jakby to było mieć regał wyłącznie z książkami, które kochasz. Czy ten obraz nie jest urzekający? Jakie może być większe szczęście dla kogoś, kto kocha książki?

Książki nieprzeczytane:

Kiedyś oznacza nigdy

Najczęstszym powodem, dla którego ludzie wzbraniają się przed wyrzuceniem książki jest przeświadczenie, że kiedyś ją przeczytają albo może ją przeczytają. Policz przez chwilę swoje ulubione książki, takie, które przeczytałaś więcej niż jeden raz. Ile ich właściwie jest? Dla jednych osób może to być zaledwie pięć, dla niektórych zagorzałych czytelników liczba ta może sięgać stu. Najczęściej jednak ci, którzy wielokrotnie czytają te same książki, to specjaliści z określonych grup zawodowych, na przykład naukowcy i pisarze. Rzadko kiedy przeciętny czytelnik czyta aż tyle książek. Spójrzmy prawdzie w oczy. Przeczytasz niewiele z książek, które posiadasz. Podobnie jak to było z ubraniami, trzeba zatrzymać się i zastanowić, czemu służą książki.

Książki to tak naprawdę papier – kartki pokryte drukiem i połączone ze sobą. Mają one służyć jako lektury i źródło informacji dla czytelników. To zawarta w nich informacja jest znacząca, przez samo stanie na półkach nie nabierają one znaczenia. Czytamy książki, żeby doświadczyć czytania. Książki, które przeczytałaś, są już częścią twojego doświadczenia, ich treść żyje w tobie, nawet jeżeli tego nie pamiętasz. Podejmując decyzje co do tego, które książki chcesz zatrzymać, zapomnij o tym, czy je kiedykolwiek przeczytasz i czy opanowałaś to, co jest w środku. Zamiast tego weź każdą książkę do ręki i zwróć uwagę, czy cię ona porusza, czy nie. Zatrzymaj tylko te książki, których sam widok na półkach cię uszczęśliwia, te, które naprawdę kochasz. To dotyczy także tej książki. Jeżeli trzymasz ją w dłoniach i nie czujesz, że wywołuje ona w tobie radości, wolałabym, żebyś ją wyrzucił.

A co z książkami, które zaczęłaś czytać, ale ich nie skończyłaś? Albo książki, które kupiłaś, a nie przeczytałaś? Co zrobić z książkami, które zamierzasz kiedyś przeczytać? Obecnie coraz łatwiej jest kupić książki przez Internet, ale mam wrażenie, że skutkuje to coraz większą liczbą tych nieprzeczytanych. Często kupujemy książkę, a zaraz potem, po jej przeczytaniu albo nawet jeszcze przed sięgnięciem po nią, kupujemy następną. W ten sposób przybywa nieprzeczytanych książek. Problem z książkami, które zamierzamy kiedyś przeczytać jest taki, że o wiele trudniej jest się z nimi rozstać, niż z tymi, które już przeczytaliśmy.

Pamiętam, jak udzielałam kiedyś lekcji prezesowi firmy, który chciał uporządkować swoje biuro. Jego półki wypełniały tytuły o skomplikowanych nazwach, jakich można się spodziewać po prezesie spółki, od takich klasyków jak Druckner czy Carnegie, po najnowsze bestsellery. Czułam się, jakbym weszła do księgarni. Na widok jego kolekcji, ogarnęły mnie złe przeczucia. Kiedy zaczął sortować swój księgozbiór, przełożył mnóstwo książek na stos „do zatrzymania", oświadczając, że jeszcze ich nie przeczytał. Kiedy skończył, w dalszym ciągu miał 50 pozycji, a zbiór pomniejszył się tylko odrobinę. Kiedy zapytałam go, po co je trzyma, udzielił mi klasycznej z mojej listy najbardziej prawdopodobnych odpowiedzi: „Ponieważ chciałbym ją kiedyś przeczytać". Na podstawie osobistego doświadczenia mogę od razu na to odpowiedzieć, że „kiedyś" nie nadchodzi nigdy.

Jeżeli przegapiłaś okazję przeczytania książki, kiedy ktoś ci ją polecił albo jest to książka, którą od dawna zamierzałaś przeczytać, czas odpuścić. Być może kiedy ją kupiłaś, miałaś szczery zamiar przeczytać ją, ale jeżeli nie zrobiłaś tego do tej pory, to znaczy, że książka ta miała pokazać ci, że jej nie potrzebujesz. Nie ma także powodu kończyć książek przeczytanych do połowy. Widocznie miały być przeczytane tylko w części. Pozbądź się nieprzeczytanych książek. O wiele lepiej będzie, jeżeli przeczytasz tę książkę, która przyciąga twoją uwagę teraz, niż taką, która od lat pokrywa się kurzem.

Posiadacze dużych zbiorów są także przeważnie pilnymi uczniami. Stąd widuję tyle encyklopedii i podręczników na półkach moich klientów. Można tu wymienić całe spektrum podręczników i przewodników od księgowości, przez filozofię, podręczniki do nauki obsługi komputera po aromaterapię i malarstwo. Niekiedy zadziwia mnie rodzaj umiejętności, jakimi interesują się moi klienci. Wielu z nich trzyma także stare podręczniki ze szkoły i zeszyty z czasów, gdy uczyli się pisać.

Jeżeli w twoim księgozbiorze znajdują się egzemplarze, które można zaliczyć do tej kategorii, nalegam, abyś porzuciła myśl, że kiedyś je wykorzystasz i pozbyła się ich już dziś. Dlaczego? Dlatego że istnieje nikła szansa, że kiedykolwiek po nie sięgniesz. Mniej niż 15 procent moich klientów wykorzystuje takie książki. Kiedy wyjaśniają, skąd u nich przywiązanie do takich książek, zwykle mówią o tym, że „któregoś dnia" po nie sięgną. „Chciałbym to kiedyś postudiować", „Nauczę się tego, kiedy będę miała trochę więcej czasu", „Sądziłem, że przyda mi się w nauce angielskiego", „Chciałem opanować podstawy księgowości, bo pracuję w zarządzaniu". Jeżeli jeszcze nie zrealizowałaś swojego pomysłu, to wyrzuć tę książkę. Tylko pozbywając się książki, będziesz w stanie stwierdzić, jak bardzo zależy ci na danym temacie. Jeżeli twoje chęci się nie zmieniły po jej wyrzuceniu, oznacza to, że miałeś dobre przeczucia. Jeżeli po wyrzuceniu książki będzie ci na niej tak bardzo zależało, że będziesz chciała ją kupić – zrób to, ale tym razem przeczytaj ją.

Które książki zatrzymać?

Te z panteonu sław

Moja biblioteczka liczy obecnie około 30 książek, ale w przeszłości trudno mi było rozstać się z nimi, gdyż kocham książki. Za pierwszym razem kiedy je sortowałam na podstawie tego, czy coś jest dla mnie źródłem radości czy nie, na mojej półce zostało około 100 pozycji. Mimo że nie jest to jakaś porażająca liczba, miałam uczucie, że mogę ją jeszcze bardziej zredukować. Któregoś dnia zdecydowałam się bliżej przyjrzeć temu, co posiadam. Zaczęłam od książek, których absolutnie nie mogłabym wyrzucić. W moim przypadku pierwsza na liście była *Alicja w Krainie Czarów*, do której powracałam wielokrotnie od czasu szkoły podstawowej. Takie książki, które można by umieścić w osobistym panteonie sław, łatwo jest zidentyfikować. Następnie przyjrzałam się książkom, które dały mi radość, ale nie umieściłbym ich w panteonie sław. Przynależność do tej kategorii może zmieniać się wraz z upływem czasu, ale zaliczam do niej książki, które pragnę zatrzymać w tej chwili. W tamtym czasie była to *Sztuka pozbywania się rzeczy*, która otworzyła mi oczy na sprzątanie, chociaż dzisiaj już jej nie mam. Książki, które sprawiają tak wielką radość, również można zatrzymać.

Najtrudniej postanowić, co z książkami, które dają ci umiarkowaną przyjemność, ale których fragmenty poruszyły twoje serce, i które możesz zechcieć przeczytać. Tych najtrudniej się pozbyć. Chociaż nie odczuwałam szczególnej presji, aby się ich pozbyć, nie mogłam też pominąć faktu, że dawały mi umiarkowaną przyjemność. Szukałam sposobu na to, jak mogłabym się z nimi rozstać bez żalu i wreszcie wymyśliłam coś, co nazwałam „metodą redukcji nadmiaru". Jako że zdawałam sobie sprawę, że nie chciałam zatrzymać samej książki, a zapamiętać pewne fragmenty, postanowiłam zatrzymać to, co niezbędne, i wyrzucić resztę.

Miałam zamiar przepisać do zeszytu zdania, które mnie zainspirowały. Z czasem miałabym osobistą kolekcję mądrości. Ciekawie będzie przeczytać ją w przyszłości i prześledzić ścieżkę, którą poprowadziły mnie moje zainteresowania. Pełna zapału, znalazłam ulubiony zeszyt i rozpoczęłam mój projekt. Zaczęłam od podkreślania tych fragmentów, które chciałam przepisać. Zatytułowałam mój notatnik i zaczęłam przepisywać. Szybko jednak zdałam sobie sprawę, że to bardzo absorbujące zajęcie. Przepisywanie wymaga czasu, a jeżeli chciałam móc odczytać te zdania w przyszłości, to pismo powinno być staranne. Przepisanie 10 cytatów z jednej książki zajęło mi przynajmniej pół godziny, a to było optymistyczne założenie. Myśl o tym, że miałabym powtórzyć ten proces z 40 książkami, przyprawiała mnie o zawrót głowy.

Następnym pomysłem było wykonanie kserokopii. Chciałam skopiować interesujące mnie fragmenty i wkleić je do zeszytu. Sądziłam, że będzie to szybsze i łatwiejsze. Ale okazało się to jeszcze żmudniejszym zadaniem. Wreszcie postanowiłam wyrwać interesujące mnie strony z książki. Wklejanie osobnych kartek do zeszytu było także monotonne, więc uprościłam cały proces i włożyłam je w koszulkę. Zajęło mi to tylko pięć minut na książkę – udało mi się w ten sposób pozbyć 40 książek i zachować interesujące mnie fragmenty. Byłam niezwykle zadowolona z rezultatów. Dwa lata po zastosowaniu „metody redukcji nadmiaru", olśniło mnie. Ani razu nie zajrzałam do teczki, którą stworzyłam. Wszystkie te wysiłki miały tylko uspokoić moje sumienie.

Ostatnio zauważyłam, że im mniej książek posiadam, tym sprawniej przyswajam przeczytane informacje. Jestem w stanie rozpoznać, które informacje będą dla mnie przydatne. Wielu z moich klientów, zwłaszcza tych, którzy pozbyli się znacznej ilości książek i papierów, także potwierdziło podobną prawidłowość. Gdy w grę wchodzą książki, czas jest wyznacznikiem ich przydatności. Właściwy czas na przeczytanie danej książki jest w momencie, w którym na nią natrafisz. Radzę ci utrzymać mały księgozbiór, a nie przegapisz takich chwil.

Sortowanie papierów:

Praktyczna rada – wyrzuć wszystko

Kiedy uporządkujesz książki, przyjdzie czas na papiery. Mogą to być zarówno listy wypadające ze stojaka na pocztę, jak i ogłoszenia ze szkoły przyczepione na lodówce, zaproszenie na spotkanie dawnej klasy leżące obok telefonu, góra gazet, która narosła na stole w ciągu ostatnich kilku dni. W domu jest kilka miejsc, w których papiery wydają się niespodziewanie gromadzić jak zaspy śniegu.

Teoretycznie w domu powinno być mniej papierów niż w biurze, ale rzeczywistość wygląda inaczej. Moi klienci zwykle wyrzucają dwa wory o pojemności 45-litrowej. Największa liczba worków to jak dotąd 15. Bardzo często słyszę od klientów, że ich niszczarki do papierów są zatkane. Niezwykle trudno jest zarządzać taką olbrzymią ilością papieru, a jednak spotykam od czasu do czasu niezwykłych klientów, których umiejętności archiwizowania zapierają mi dech. Kiedy pytam: „Jak radzisz sobie z taką ilością papierów?", udzielają mi bardzo precyzyjnych odpowiedzi.

„Dokumenty dotyczące dzieci są w tej teczce. Tutaj trzymam przepisy. Wycinki z gazet tutaj, instrukcje obsługi urządzeń elektrycznych w tym pudełku..." System ten jest tak drobiazgowo opracowany, że czasem gubię się w ich wywodzie. Przyznaję, że nienawidzę sortować papierów! Nie korzystam w domu z segregatorów, nie wpinam do nich papierów ani nie oznaczam naklejkami. System ten sprawdza się w środowisku biurowym, w którym wiele osób korzysta z tych samych dokumentów, ale nie ma żadnej potrzeby stosowania go w domu.

Moja podstawowa zasada dotycząca sortowania papierów brzmi: należy je wszystkie wyrzucić. Moi klienci są zdziwieni, gdy to słyszą, ale nie ma nic bardziej irytującego niż papiery. Nie przynoszą one radości, niezależnie od tego, jak starannie są poukładane. Dlatego też radzę, żeby wyrzucić wszystko, co nie mieści się w następujących kategoriach: to co jest obecnie w użyciu, to co potrzebne jest przez określony czas i to co powinno być przechowywane bezterminowo.

Pragnę zaznaczyć, że mówiąc o papierach, nie mam na myśli zapisków o wartości sentymentalnej, takich jak listy miłosne czy pamiętniki. Sortowanie tych ostatnich znacznie spowolni twoje tempo pozbywania się kartek. Ogranicz się z początku do sortowania papierów, które w ogóle nie przynoszą ci radości, i wykonaj całe zadanie za jednym zamachem. Listy od przyjaciół i ukochanych należy zostawić na koniec, kiedy zajmiesz się przedmiotami o wartości sentymentalnej.

Kiedy już przejrzysz papiery, które nie wywołują w tobie żadnej radości, co należy zrobić z tymi, które zdecydujesz się zatrzymać? Stosuję bardzo prostą metodę archiwizacji. Dzielę je na dwie kategorie: papiery, który powinny być zachowane, i te, które wymagają jakiegoś działania. Chociaż naczelna zasada brzmi „wyrzuć wszystkie papiery", wydzieliłam dwie kategorie dla papierów, które nie powinny być wyrzucone. Listy wymagające odpowiedzi, formularze, które należy wysłać, gazeta, którą zamierzam przeczytać – mam specjalny kącik dla tego typu papierów. Upewnij się, że trzymasz je w jednym miejscu. Nie pozwól im rozprzestrzenić się po całym domu. Zalecam stosowanie pojemnika, w którym papiery mogą być przechowywane pionowo i wyznaczyć dla niego konkretne miejsce. Należy tam umieścić wszystkie papiery wymagające naszej uwagi, nie oddzielając ich od siebie.

Jeżeli chodzi o dobór papierów, które należy zachować, to zalecam kierować się częstotliwością ich wykorzystywania. Sposób podziału nie jest zbyt skomplikowany: papiery używane rzadko oraz używane często. Papiery używane rzadko to polisy ubezpieczeniowe, gwarancje i dokumenty najmu. Niestety, należy je zachować niezależnie od tego, czy wywołują w nas radość, czy nie. Ponieważ rzadko się do nich zagląda, nie trzeba wkładać wiele wysiłku w ich przechowywanie. Radzę umieścić je w przezroczystej teczce i nie przejmować się dalszym podziałem.

Kolejna podkategoria to papiery, które będziesz przeglądać częściej, np. studenci – program seminariów czy też rozkład treningów sportowych. Staną się bezużyteczne, jeśli nie będą łatwo dostępne i łatwe do odczytania, polecam więc przezroczysty segregator na koszulki. Ta kategoria jest najbardziej problematyczna. Chociaż papiery z tej kategorii nie są nam niezbędne, łatwo się mnożą. Zmniejszenie ilości w tej kategorii jest kluczem do opanowania porządku w papierach.

Papiery należy zorganizować tylko w trzech kategoriach: wymagające uwagi, dokumenty o charakterze umowy, które powinny być zachowane oraz pozostałe dokumenty, które trzeba zatrzymać. Papiery z jednej kategorii należy trzymać w jednym pojemniku albo segregatorze i nie dzielić ich bardziej. Innymi słowy, potrzebujesz tylko trzech pojemników lub segregatorów. Nie zapomnij, że pudełko „wymagające uwagi" powinno być puste. Jeżeli są w nim dokumenty, to miej świadomość, że masz sprawy wymagające załatwienia. Chociaż nigdy nie udało mi się w pełni opróżnić mojego pudełka „wymagające uwagi", to jest to cel, do którego powinniśmy dążyć.

Wszystko o papierach:

Jak poradzić sobie z kłopotliwymi papierami

Kieruję się zasadą wyrzucania wszystkich papierów, ale zawsze będą takie, które trudno wyrzucić. Rozważmy, jak poradzić sobie z tymi trudnymi.

Materiały do nauki

Osoby, które lubią się uczyć, chętnie uczęszczają na seminaria czy kursy z różnych dziedzin, takich jak aromaterapia, logiczne myślenie czy marketing. W Japonii coraz modniejsze staje się uczestnictwo w zajęciach wczesnoporannych. Wybór tematów oraz godzin stale się poszerza. Uczestnicy za punkt honoru uważają przechowywanie starannie przygotowanych przez wykładowcę materiałów i trudno im się z nimi rozstać. Kiedy jednak odwiedzam ich w domu, okazuje się, ile miejsca zabierają takie materiały, pochłaniając przestrzeń życiową.

Jedną z moich klientek była kobieta po trzydziestce, która pracowała dla firmy reklamowej. Jej pokój przypominał biuro. Moje oczy atakowały rzędy starannie oznakowanych segregatorów. „To materiały ze wszystkich szkoleń, w jakich wzięłam udział" – powiedziała. Jako zadeklarowana fanatyczka szkoleń zachowała materiały z każdego kursu, w jakim kiedykolwiek uczestniczyła.

Ludzie często powtarzają, że chcą kiedyś te materiały jeszcze raz przestudiować, ale nigdy tego nie robią. Co więcej, większość z nich ma materiały z różnych szkoleń na ten sam temat. Dlaczego? Ponieważ nie opanowali na trwałe wiedzy, jaką tam otrzymali. Nie chcę występować tutaj w roli krytyka, a jedynie pokazać, czemu nie warto trzymać materiałów ze szkoleń, które się skończyły. Jeżeli nie wprowadza się ich treści w życie, takie kursy są bez wartości. Kurs nabiera wartości w momencie, gdy zaczynamy na niego uczęszczać, a pełna jego wartość może być wykorzystana w momencie, w którym wprowadzamy to, czego się nauczyliśmy w życie po jego zakończeniu. Czemu ludzie płacą duże pieniądze za kursy, skoro to samo mogą przeczytać w książce czy pozyskać w innej formie? Ponieważ chcą poczuć pasję nauczyciela i doświadczyć atmosfery nauki. Poza tym prawdziwym materiałem jest samo seminarium czy wydarzenie, trzeba więc go doświadczyć na żywo.

Kiedy uczęszczasz na kurs, postanów sobie, że wyrzucisz wszystkie materiały przekazywane jego uczestnikom. Jeżeli żal ci będzie je wyrzucić, pójdź na to samo seminarium raz jeszcze, ale tym razem zastosuj przekazaną wiedzę. Brzmi to paradoksalnie, jednak jestem przekonana, że dlatego tak kurczowo trzymamy się materiałów kursowych, ponieważ nie udaje się nam zastosować w praktyce tego, czego się uczymy. Największy zbiór materiałów szkoleniowych na który natrafiłam, to 190 teczek. Nie muszę mówić, że klient za moją namową wyrzucił wszystkie.

Wyciągi z kart kredytowych

Kolejną rzeczą jaką warto wyrzucić są wyciągi z kart kredytowych. Jaki jest ich cel? Większość ludzi sprawdza po prostu w ten sposób, ile pieniędzy wydali w danym miesiącu.

Kiedy już sprawdziłeś ich treść i zapisałeś wyniki z danego miesiąca, wyciąg spełnił swoje zadanie i powinieneś go wyrzucić. Uwierz mi. Nie musisz czuć się winny.

Czy są jakiekolwiek inne powody, dla których mógłbyś potrzebować wyciągów z kart kredytowych? Czy sądzisz, że możesz potrzebować ich podczas sprawy w sądzie, żeby udowodnić, ile pieniędzy zostało pobranych z konta? To się nie stanie, nie ma więc potrzeby gromadzenia tych wyciągów przez resztę życia. Tak samo postąp w przypadku potwierdzeń miesięcznych opłat. Podejmij ostateczną decyzję o ich wyrzuceniu.

Ze wszystkich moich klientów, którym najtrudniej było pozbyć się papierów, była para prawników. Pytali, co będzie, jeśli dokument będzie potrzebny w sądzie. Na początku robili nikłe postępy, ale na końcu bez problemu byli w stanie wyrzucić prawie wszystkie papiery. Jeżeli im się udało, to tobie też.

Gwarancje na urządzenia elektryczne

Niezależnie, czy chodzi o telewizor, czy aparat cyfrowy, urządzenia elektryczne są sprzedawane z gwarancją. To najbardziej standardowa kategoria dokumentów trzymanych w każdym domu i prawie wszyscy starannie je przechowują. Jednakże sposoby ich przechowywania pozostawiają wiele do życzenia.

Ludzie zwykle mają osobną teczkę albo segregator. Kusi ich, żeby chować te dokumenty osobno. I tu tkwi pułapka.

Dokumenty te są tak dokładnie podzielone, że łatwo jest coś przeoczyć. Większość ludzi trzyma nie tylko gwarancje, ale też instrukcje obsługi. Po pierwsze, wyrzuć instrukcje obsługi. Przyjrzyj im się. Czy kiedykolwiek ich użyłeś? Zwykle trzeba przeczytać tylko kilka instrukcji, takie jak na przykład do komputera czy też aparatu cyfrowego, a i one są na tyle grube, że nie zmieszczą się w teczce. Jakiekolwiek więc instrukcje, które dostajemy wraz z gwarancją, można bez problemu wyrzucić.

Żaden z moich klientów, którzy wyrzucili większość instrukcji, w tym do komputerów i aparatów, nie doświadczył z tego powodu żadnych problemów. Jeżeli natrafili na jakieś trudności, to udało im się je pokonać, np. przeglądając informacje w Internecie albo zwracając się o pomoc do serwisu. Zapewniam, że możesz je wyrzucić bez wahania.

Wracając do gwarancji, zalecam trzymanie wszystkich w jednej przezroczystej koszulce i nie dzielenie ich na kategorie. Są używane raz na rok, jeżeli w ogóle. Po cóż mielibyśmy je sortować i dzielić, skoro tak rzadko będą nam potrzebne? Jeżeli trzymasz je w segregatorze, i tak będziesz musiał przejrzeć cały, żeby znaleźć tę właściwą. Jeżeli wszystkie są w jednej koszulce, po prostu opróżnisz koszulkę i wyszukasz odpowiednią.

Jeżeli twój podział będzie zbyt szczegółowy, będziesz miał mniej okazji przyjrzenia się każdej gwarancji. Zanim się obejrzysz, gwarancja będzie już przeterminowana. Przegląd wszystkich gwarancji to doskonała okazja do sprawdzenia dat ważności. W ten sposób nie będziesz musiał z osobna specjalnie sprawdzać zawartości każdej koszulki w segregatorze, ani nawet kupować dodatkowych koszulek, bo w domu będziesz mieć jedną, przeznaczoną specjalnie do tego celu. Wreszcie dzięki tej metodzie zużyjesz zaledwie jedną dziesiątą miejsca.

Kartki świąteczne

W Japonii zwyczajowo wysyła się życzenia z okazji nowego roku (często na dole kartki są numery totolotka). Oznacza to, że kartka spełniła swoją rolę w momencie, gdy została przeczytana. Kiedy sprawdziłeś już potencjalną wygraną w totolotka, możesz wyrzucić kartkę, z poczuciem wdzięczności dla nadawcy. Jeżeli zachowujesz kartki, żeby wysłać życzenia tym osobom w następnym roku, zatrzymaj tylko te z ostatniego roku. Wyrzuć wszystkie, które mają więcej niż dwa lata, poza tymi, które cieszą twoje serce.

Zużyte książeczki czekowe

Są zużyte – i kropka. Nie będziesz ich więcej oglądał, a nawet jeśli tak, to nie zwiększy to ilości środków na twoim koncie. Dlatego też po prostu się ich pozbądź.

Paski wypłaty

Otrzymujesz pasek wypłaty po to, żeby móc się przekonać, ile ci zapłacono za ostatni miesiąc. Kiedy sprawdzisz już jego zawartość, staje się bezużyteczny.

Komono (rzeczy różne I):

Trzymaj rzeczy, które kochasz, a nie „bo tak"

Otwieram szufladę w domu klientki i odkrywam małe pudełeczko, które tylko czeka, żeby odkryć jego sekretną zawartość. Nie wzbudza ono jednak we mnie ekscytacji. Doskonale wiem, co znajdę w środku: monety luzem, spinki do włosów, gumki, zapasowe guziki, części od zegarka, baterie, które być może działają, a może nie, resztki leków, talizmany i breloczki do kluczy. Lista ciągnie się dalej. Już wiem, co odpowie klientka na pytanie, dlaczego trzyma te rzeczy: „Bo tak".

Do wielu rzeczy w domu tak właśnie się odnosimy. Odkładamy je, przechowujemy i gromadzimy „bo tak", nie zastanawiając się nad tym, co robimy. Nazwałam tę kategorię przedmiotów *komono*. To japoński termin, który według słownika oznacza „małe rzeczy, różności; akcesoria; gadżety lub małe narzędzia; części; kogoś nieważnego; drobiazg".

Nic dziwnego, że przeważnie nie wiadomo, co zrobić z rzeczami, które mieszczą się w tak mglistej i pojemnej kategorii. Czas jednak skończyć z podejściem „bo tak". Rzeczy te pełnią ważną rolę w prowadzeniu przez ciebie wymarzonego stylu życia i one także zasługują na uważny przegląd i posortowanie.

W przeciwieństwie do ubrań i książek w tej kategorii mieści się bardzo dużo różnych przedmiotów i już sama myśl o przeorganizowaniu ich może przytłaczać. Jeśli jednak wszystko zrobisz w odpowiedniej kolejności, zadanie to będzie bardzo proste. Proponowana przeze mnie kolejność zajęcia się *komono* jest następująca:

- płyty CD i DVD;
- kosmetyki do pielęgnacji skóry;
- kosmetyki do makijażu;
- akcesoria;
- przedmioty wartościowe (paszporty, karty kredytowe itd.);
- sprzęt elektryczny i elektroniczny (aparat fotograficzny, zasilacze, wszystko co ma coś wspólnego z elektrycznością);
- przybory gospodarstwa domowego (artykuły biurowe i piśmiennicze, zestawy do szycia itd.);
- artykuły gospodarstwa domowego (artykuły jednorazowe, leki, detergenty, chusteczki itd.);
- artykuły kuchenne/żywność;
- pozostałe

(Jeżeli posiadasz jakieś rzeczy związane z konkretnymi zainteresowaniami czy hobby, np. sprzęt narciarski albo wędkarski, to umieść je w tej podkategorii).

Zalecam taką właśnie kolejność, ponieważ będzie ci łatwiej zacząć od rzeczy bardziej osobistych i jasno zdefiniowanej zawartości. Jeżeli mieszkasz sam, nie potrzebujesz martwić się o kolejność tak długo, jak zajmujesz się jedną podkategorią na raz. Bardzo wielu ludzi otacza się rzeczami, których nie potrzebuje, „bo tak". Zachęcam cię do dokonania przeglądu *komono* i zachowania tylko tych rzeczy, które dają ci radość.

Drobne:

Niech twoim hasłem będzie „drobne do portfela"

Czy w domu można znaleźć monety – grosik lub dwa na dole szuflady, złotówkę na stole? Pomagając klientowi sprzątać mieszkanie, zawsze znajduję monety luzem. To król kategorii *komono*. Monety można znaleźć w przedpokoju, w kuchni, w salonie, w łazience, na szafie i w szufladzie. Mimo że monety można śmiało wykorzystać, są traktowane z mniejszym respektem niż banknoty. To dziwne, że pozwala się im leżeć luzem, jakby nie były do niczego przydatne.

Zawsze, gdy moi klienci natrafiają na drobne, upewniam się, że wkładają je od razu do portmonetki albo portfela, nigdy do skarbonki. Nie ma potrzeby zbierania monet z całego domu w jednym miejscu. Zamiast tego wrzuć je od razu do portfela, gdy tylko się na nie natkniesz. Jeżeli umieścisz je w skarbonce, chowasz je w miejsce, do którego nie sięgniesz. Kiedy mieszka się w jakimś domu przez dłuższy czas, łatwo jest zapomnieć o zakamarkach, w których kryją się monety. Nie spotkałam jeszcze osoby, która gromadząc monety bez jasnego celu, naprawdę by je wykorzystała. Jeżeli oszczędzasz z myślą, że miło będzie sprawdzić, ile zdołasz zgromadzić, to czas zanieść je do banku. Im dłużej czekasz, tym cięższa będzie twoja sakiewka i tym więcej zachodu będzie wymagało zaniesienie jej do banku.

Zauważyłam też, że z jakiegoś niezrozumiałego powodu wielu klientów zaczyna chować monety do woreczków, kiedy ich skarbonka się zapełni. Lata później w czasie zajęć ze mną natrafiają z tyłu szafy na woreczek wypchany monetami. Do tego czasu są pokryte rdzą, pachną stęchlizną i nie brzęczą. Moi klienci woleliby wtedy zapomnieć o ich istnieniu. Już sam ten opis jest wystarczająco ponury, ale widok tych porzuconych monet jest jeszcze bardziej rozdzierający. Radzę, uratuj zapomniane monety, które marnieją w twoim domu, i weź sobie do serca hasło: „Do portfela!".

Jest widoczna różnica w traktowaniu drobnych luzem przez mężczyzn i kobiety. Mężczyźni kładą je do kieszeni albo na widocznym miejscu, na przykład na komodzie lub na stole. Kobiety z kolei wkładają je do pudełka lub torby i chowają do szuflady. To tak, jakby męski instynkt kazał być w gotowości w razie niebezpieczeństwa, a kobiecy chciał chronić dom. Ta myśl jest dla mnie impulsem do refleksji nad tajemnicą życia i DNA w czasie, kiedy poświęcam kolejny dzień na dzielenie się magią sprzątania.

Komono (rzeczy różne 2):

Artykuły jednorazowego użytku, które trzymasz „bo tak"

Zaskoczenie może budzić fakt, jak wiele rzeczy można od razu zaliczyć do artykułów jednorazowego użytku, nie zapytawszy nawet, czy wywołują w nas radość. Wskazywałam już, jak ważna jest rezygnacja z rzeczy, z którymi trudno się rozstać. Równie ważne jest zwrócenie uwagi na rzeczy, które trzymasz „bez wyraźnego powodu". Dziwnym trafem większość ludzi nie zdaje sobie sprawy, jak wiele zbędnych rzeczy zabiera im przestrzeń w domu.

Prezenty

Talerz, otrzymany w prezencie ślubnym, który dalej spoczywa w pudle na samej górze kredensu. Breloczek, który otrzymałeś na pamiątkę od przyjaciela, a który wciąż leży w twojej szufladzie. Kadzidełko o dziwnym zapachu, które dostałeś od kolegów i koleżanek z pracy na urodziny. Co te rzeczy mają ze sobą wspólnego? To prezenty. Ktoś ważny dla ciebie poświęcił czas, żeby je wybrać i kupić. To wyraz miłości i troski. Trudno je tak po prostu wyrzucić, prawda?

Zastanówmy się jednak przez chwilę uważnie. Większość z tych darów pozostało nieotwartych albo zostało użytych tylko raz. Przyznaj, że po prostu nie są w twoim guście. Prawdziwym przeznaczeniem prezentu jest *bycie przyjętym*. Prezenty to nie rzeczy, a sposób na wyrażenie czyichś uczuć. Kiedy spojrzysz na to z tej perspektywy, nie musisz czuć się winny, że oddajesz prezent. Podziękuj mu za radość, jaką ci dał. Oczywiście idealnie byłoby, gdybyś mógł z niego korzystać z radością. Jednak osoba, która ci go ofiarowała, nie chciałaby, żebyś używał go z poczucia obowiązku czy też odłożył na półkę i spoglądał na niego z poczuciem winy. Kiedy wyrzucasz prezent, robisz to także ze względu na dawcę.

Opakowania po telefonach komórkowych

Pudełka mogą wiele pomieścić. Wyrzuć pudełko po telefonie, gdy tylko go rozpakujesz. Nie potrzebujesz też instrukcji obsługi ani dołączonej płyty. Zrozumiesz działanie urządzenia, używając go. Wszyscy moi klienci pozbyli się tych rzeczy i nie odczuwają ich braku. Jeżeli masz problem, zawsze możesz zwrócić się do sprzedawcy w sklepie, w którym go kupiłeś. O wiele szybciej jest poprosić o pomoc specjalistę niż zmagać się samemu z instrukcją obsługi.

Niezidentyfikowane kable

Jeżeli widzisz kabel i zastanawiasz się, do czego on jest, to pewnie nigdy już z niego nie skorzystasz. Tajemnicze kable już na zawsze pozostaną nierozwiązaną zagadką. Martwisz się, że możesz go potrzebować, kiedy coś się zepsuje? Niepotrzebnie to robisz. Widziałam wiele domów, w których było mnóstwo duplikatów tego samego kabla, ale w plątaninie trudno było cokolwiek znaleźć. Szybciej jest kupić nowy. Zatrzymaj tylko te kable, których przeznaczenie można łatwo zidentyfikować. Pozbądź się reszty. W twojej kolekcji jest na pewno sporo takich, które były używane do urządzeń, których dawno się pozbyłeś.

Zapasowe guziki

Nigdy ich nie użyjesz. W większości przypadków, kiedy odpada guzik, to znak, że bluzka czy koszula jest już znoszona i osiągnęła koniec swojego żywota. W przypadku płaszczy i kurtek, które będziesz nosić przez dłuższy czas, zalecam przyszycie zapasowych guzików do podszewki zaraz po dokonaniu zakupu. Jeżeli chodzi o inne ubrania, to jeżeli stracisz guzik i zechcesz go zastąpić, prawdopodobieństwo znalezienia go w domowych zbiorach jest niewielkie. Na podstawie mojego doświadczenia mogę stwierdzić, że kiedy odpada guzik, nikt nie przyszywa kolejnego, nawet jeżeli zachował zapasowy. Zamiast tego ludzie noszą ubranie bez guzika albo pozostawiają je gdzieś na dnie szafy. Skoro i tak nie przyszyjesz zapasowych guzików, to nie powinien mieć znaczenia fakt, że je wyrzucisz.

Pudełka po urządzeniach elektrycznych

Niektórzy zachowują pudełka, ponieważ sądzą, że dostaną więcej pieniędzy, jeżeli kiedyś zdecydują się sprzedać urządzenie. W większości przypadków nigdy tych urządzeń nie sprzedają. Biorąc pod uwagę wysokość czynszu, jaki płacisz, zamiana mieszkania w przechowalnię pustych pudeł, kosztuje cię więcej niż sprzedaż urządzenia w pudełku. Nie potrzebujesz ich także do przeprowadzki. Będziesz się martwić o znalezienie właściwego pudła, kiedy nadejdzie na to czas. Szkoda byłoby marnować miejsce na pudła, które tylko przypuszczalnie mogą być ci kiedyś potrzebne.

Zepsute telewizory i radia

Często natrafiam na zepsute telewizory i radia w domach moich klientów. Oczywiście nie ma żadnej potrzeby, żeby je trzymać. Jeżeli masz jakieś zepsute urządzenia, udaj się do punktu elektrośmieci i pozbądź się ich.

Dodatkowe posłanie dla gościa, który nigdy nie przyjdzie

Materac, składane łóżko, śpiwór, kołdra, poduszka, prześcieradła – dodatkowe posłanie zajmuje dużo miejsca. To kolejna rzecz, którą często wyrzucamy w czasie zajęć, a klienci nie odczuwają jej braku. Warto oczywiście mieć dodatkowe posłanie, jeżeli regularnie miewasz gości i masz dla nich miejsce, jednak jest to zbędne, jeżeli nikt nie nocuje u ciebie częściej niż raz lub dwa razy do roku. Jeżeli naprawdę potrzebny ci dodatkowy zestaw, zawsze możesz takowy pożyczyć. W Japonii posłanie schowane na dnie szafy często pachnie wilgocią, którą nie chciałbyś, żeby poczuli goście. Powąchaj i sam się przekonaj!

Próbki kosmetyków na wyjazdy

Czy masz kolekcję próbek kosmetyków, które trzymasz nieużywane od ponad roku? Większość ludzi zachowuje je na wypadek podróży, ale nigdy nie bierze ich ze sobą. Kontaktowałam się z wieloma producentami, pytając o termin przydatności tych produktów. Udzielali mi różnych odpowiedzi. Niektóre zachowują trwałość tylko przez kilka tygodni, inne do roku. Mała ilość kosmetyku w opakowaniu (próbki), szybciej traci na jakości. Korzystanie z potencjalnie przeterminowanych i bezwartościowych kosmetyków wydaje się raczej przejawem lekkomyślności.

Najnowsze gadżety zdrowotne

Pasy wyszczuplające, szklane butelki po olejkach do aromaterapii, specjalna wyciskarka do soków, maszyna do ćwiczeń przyspieszających utratę wagi, która naśladuje ruchy na koniu – wydaje się, że wyrzucenie drogich przedmiotów, które często kupiliśmy w sprzedaży wysyłkowej, wydaje się marnotrawstwem. Prawdopodobnie nigdy jednak nie zostaną one w pełni użyte. Uwierz mi, że sama przez to przechodziłam. Możesz się od nich uwolnić. Ważna była ekscytacja, jaką odczułeś, kupując te produkty. Wyraź im swoją wdzięczność, za to, co wniosły do twojego życia, mówiąc im: „Dziękuję za motywację, jaką mi dałeś podczas zakupu" lub „Dziękuję za to, że dzięki tobie jestem nieco szczuplejsza". Następnie pozbądź się ich z poczuciem, że ich zakup wpłynął pozytywnie na twoje zdrowie.

Darmowe gadżety promocyjne

Czyścik do ekranu telefonu, który dostałeś z butelką gazowanego napoju, długopis z wygrawerowaną nazwą firmy, wachlarz z imprezy sportowej, maskotka dołączona do napoju, zestaw plastikowych kubków wygranych na loterii, szklanki z logo browaru, karteczki post-it z logo firmy farmaceutycznej, podkładka na biurko, kalendarz promocyjny (jeszcze nie rozpakowany), kalendarz kieszonkowy (nieużywany przez następne pół roku). Żadna z tych rzeczy nie da ci radości. Wyrzuć je wszystkie bez skrupułów.

Rzeczy o wartości sentymentalnej:

Dom rodziców to nie schronisko dla twoich skarbów

Teraz, kiedy już zorganizowałeś swoje ubrania, książki, papiery, *komono*, możesz wreszcie zabrać się za ostatnią kategorię, a więc rzeczy, które mają wartość sentymentalną. Zostawiam to na koniec, bo tych rzeczy najtrudniej się pozbyć. Jak wskazuje sama nazwa, pamiątka przypomina nam o czasach, kiedy ta rzecz przyniosła nam radość. Myśl o ich wyrzuceniu wzbudza lęk, że stracimy cenne wspomnienia, które się z nimi łączą. Nie musisz się jednak martwić. Cenne chwile nigdy nie zanikną, nawet jeżeli wyrzucisz związane z nimi przedmioty. Czy kiedy myślisz o przeszłości, to warto zatrzymać pamiątki zdarzeń, o których w innym przypadku byś nie pamiętała? Żyjemy w teraźniejszości.

Niezależnie od tego, jak kiedyś było cudownie, nie możemy żyć w przeszłości. Radość i ekscytacja, które czujemy teraz, są ważniejsze. Ponownie weź każdą rzecz do ręki i zadaj sobie pytanie: „Czy to daje mi radość?".

Opowiem ci o klientce, którą nazwę A. Była trzydziestoletnią matką dwójki dzieci, jej dom liczył pięcioro domowników. Kiedy spotkałyśmy się na naszą drugą sesję, było dla mnie oczywiste, że liczba rzeczy w domu znacznie się zmniejszyła. „Wykonałaś ogromny wysiłek"– powiedziałam. „Wygląda na to, że pozbyłaś się ponad 30 worków rzeczy".

Przytaknęła z zadowoleniem i oświadczyła, że odesłała wszystkie swoje skarby do matki. Nie mogłam w to uwierzyć. Zastosowała strategię sprzątania polegającą na odesłaniu rzeczy do rodziców. Kiedy zaczęłam pracować w tej branży, sądziłam, że odsyłanie rzeczy do domu to przywilej ludzi, którzy mają duże domy rodzinne. Wiele z moich klientek to młode kobiety lub młode matki mieszkające w Tokio. Kiedy pytały, czy mogą odesłać swoje rzeczy do rodziców, zgadzałam się, ale pod warunkiem, że zrobią to natychmiast. Nie myślałam o konsekwencjach, dopóki moja klientela nie poszerzyła się o mieszkańców podmiejskich miejscowościach. Kiedy przekonałam się na własne oczy, jak wyglądają domy rodziców, musiałam wycofać się z lekkomyślnie rzuconych słów.

Zdałam sobie sprawę, że ludziom, którzy posiadają dogodne miejsce, do którego mogą odesłać swoje rzeczy, na przykład dom rodziców, należy tak naprawdę współczuć. Nawet jeżeli dom jest duży i są w nim wolne pokoje, to nie ma on wiecznie rozszerzającego się czwartego wymiaru. Nigdy nie odzyskujemy pudeł, które odsyłane są „do domu". Wysłane pudło nie wraca.

Powróćmy jednak do naszej historii. Jakiś czas później matka A. także przyszła na moje zajęcia. Powiedziałam, że jeżeli ma ukończyć kurs, to musimy zrobić coś z paczkami, które przysłała jej A. Kiedy odwiedziłam ją w domu, okazało się, że pokój A. pozostał nienaruszony. Jej rzeczy były na regale, w szafce, a teraz na podłodze stały też dwa duże pudła. Marzeniem matki było posiadać własną przestrzeń, w której mogłaby odpocząć, a chociaż A. wyprowadziła się już dawno temu, jej rzeczy w dalszym ciągu zajmowały honorowe miejsce w jej pokoju, a jedyna przestrzeń, o której matka mogła powiedzieć, że była w pełni jej, to kuchnia. Wydawało się to całkowicie nienaturalne. Skontaktowałam się z A i oświadczyłam jej, że ona i jej matka nie ukończą kursu, dopóki nie uporają się z rzeczami, które zostały pozostawione w domu jej rodziców.

W trakcie naszego ostatniego spotkania A. wyglądała na bardzo zadowoloną. „Mogę się cieszyć życiem wolnym od trosk!". Wróciła do domu rodzinnego i uporządkowała rzeczy. W pudłach znalazła dziennik, fotografie dawnych chłopaków, stos listów i kartek z życzeniami. „Kiedy przyjrzałam się każdej rzeczy, zdałam sobie sprawę, że przeżyłam każdą z tych chwil w pełni i mogłam podziękować moim skarbom za radość, jaką mi dały. Kiedy je wyrzuciłam, czułam się tak, jak gdybym po raz pierwszy stanęła twarzą w twarz z moją przeszłością".

Dokładnie tak. Przyglądając się każdej rzeczy o wartości sentymentalnej i podejmując decyzję o tym, co chcesz odrzucić, konfrontujesz się z przeszłością. Jeżeli będziesz przetrzymywać te rzeczy w szufladzie lub tekturowym pudle, ani się obejrzysz, a przeszłość zamieni się w ciężar, który będzie cię odciągał od tego, co tu i teraz. Porządkowanie rzeczy oznacza także uporządkowanie twojej przeszłości. To jak przestawienie życia na nowe tory i uregulowanie zaległych rachunków po to, żeby można było zrobić krok naprzód.

Zdjęcia:

Doceń to, kim jesteś teraz

Ostatnie miejsce na liście rzeczy o wartości sentymentalnej zajmują zdjęcia. Nie bez powodu zajmujemy się nimi na końcu. Jeżeli sortowałaś i wyrzucałaś rzeczy w zalecanej przeze mnie kolejności, to z pewnością, natrafiłaś na zdjęcia w wielu różnych miejscach, na przykład zatknięte między książkami na półce, leżące w szufladzie biurka lub też ukryte w pudełku z różnościami. Z pewnością znalazłaś zdjęcie czy dwa dołączone do listu lub niewyjęte z koperty po wywołaniu. (Nie wiem czemu tyle osób pozostawia zdjęcia w tych kopertach). Zdjęcia potrafią pojawić się w najmniej oczekiwanych miejscach, gdy sortujesz rzeczy z innych kategorii, warto wówczas odkładać je w wyznaczone miejsce i zająć się nimi na samym końcu.

Zdjęcia zostawiam na sam koniec jeszcze z jednego powodu. Jeżeli zaczniesz porządkować zdjęcia, zanim nauczysz się określać, co przynosi ci radość, cały proces wymknie się spod kontroli i może zostać wstrzymany. Natomiast jeżeli zachowałaś prawidłową kolejność sprzątania (tj. ubrania, książki, papiery, *komono*, a wreszcie rzeczy o wartości sentymentalnej), sortowanie zdjęć przebiegnie bez zakłóceń i będziesz zdumiony, z jaką łatwością jesteś w stanie dokonać wyboru tego, co sprawia ci przyjemność.

Jest tylko jeden sposób na uporządkowanie zdjęć i trzeba temu poświęcić trochę czasu. Należy wyjąć wszystkie zdjęcia z albumów i obejrzeć je po kolei. Jeżeli ktoś twierdzi, że wymaga to za dużo wysiłku, nigdy tak naprawdę nie sortował zdjęć. Zdjęcia pokazują konkretny moment w czasie. To dlatego trzeba na nie patrzeć pojedynczo. Będziesz zaskoczona, jak łatwo rozróżnić, które poruszają twoje serce. Tak jak to było do tej pory – zachowaj tylko te, które wywołują twoją radość.

Stosując tę metodę, będziesz potrzebowała zaledwie 5 minut dziennie na to, aby odbyć szczególną podróż. Zdjęcie pokaże nie tylko chwilę, której jest zapisem. Przeszłość stanie przed twoimi oczami jak żywa. Najważniejsze rzeczy nie muszą występować w dużych ilościach. Nieciekawe zdjęcia krajobrazów, których nawet nie rozpoznajesz, powinny trafić do kosza. To radość i zapał, jaki odczuwamy, robiąc zdjęcia, nadaje im sens. Często wywołane odbitki nie są już potrzebne.

Trzymamy jednak masę zdjęć w wielkim pudle, mając nadzieję, że będziemy się nimi cieszyć kiedyś, na starość. Mogę wam powiedzieć, że „kiedyś" nie nadchodzi nigdy. Nie zliczę, ile widziałam pudeł nieposortowanych zdjęć pozostałych po kimś, kto umarł. Typowa rozmowa między mną a klientami brzmi tak:

„Co jest w tym pudełku?"

„Zdjęcia".

„Zostawimy je więc do posortowania na koniec".

„Ale one nie są moje. Należały do dziadka".

Taka rozmowa smuci mnie za każdym razem. Myślę o tym, że życie zmarłej osoby byłoby o wiele bogatsze, gdyby przestrzeń zajęta przez to pudło, była uwolniona za jej życia. Nie powinniśmy sortować zdjęć na starość. Nie czekaj z tym. Zrób to teraz. Będziesz o wiele bardziej cieszył się zdjęciami w starszym wieku, jeżeli będą w albumie, niż kiedy będziesz musiał przetrząsać ciężkie pudło.

Kolejną rzeczą, której równie trudno się pozbyć, to pamiątki od dzieci. Prezent na dzień ojca podpisany: „Dziękuję ci Tato". Rysunek twojego syna, który został wybrany przez nauczycielkę do gazetki ściennej, albo ozdoba, którą zrobiła twoja córka. Jeżeli te rzeczy nadal przynoszą ci radość, oczywiście powinieneś je zachować. Jednak jeżeli twoje dzieci już dorosły, a ty trzymasz pamiątki, ponieważ boisz się zranić ich uczucia, zapytaj je, co sądzą o planach pozbycia się ich. Prawdopodobnie zdziwią się, że nadal je masz i każą ci je śmiało wyrzucić.

A co z rzeczami z twojego dzieciństwa? Nadal trzymasz świadectwa i dyplomy? Kiedy mój klient wyciągnął mundurek sprzed 40 lat, nawet ja poczułam ucisk w sercu. Ale i tak powinno się go wyrzucić. Wyrzuć listy, które lata temu dostałeś od dziewczyny czy dostałaś od chłopaka. Cel listu został spełniony, w momencie, gdy go otrzymaliście. Osoba, która go napisała, dawno już zapomniała o jego istnieniu. Jeżeli chodzi o akcesoria, które otrzymałaś w prezencie, to zatrzymaj je tylko wówczas, jeżeli przynoszą ci czystą radość. Jeżeli trzymasz je, bo nie możesz zapomnieć o byłym chłopaku, to lepiej się ich pozbyć. Kurczowe trzymanie się tych rzeczy zwiększa prawdopodobieństwo, że przegapisz szansę na nowy związek.

Powinniśmy cenić nie wspomnienia, ale osobę, którą się dzięki nim staliśmy. To lekcja, jakiej mogą nas nauczyć przeglądane przez nas pamiątki. Przestrzeń, w której żyjemy, powinna otwierać się dla osoby, którą się stajemy, a nie tej, którą byliśmy w przeszłości.

Najbardziej zadziwiające zbiory, jakie widziałam

Nieustannie zaskakują mnie dwie rzeczy u moich klientów: niespotykane rzeczy i niewyobrażalne ich ilości. Za każdym razie natrafiam na te pierwsze. Może to być mikrofon używany przez piosenkarza czy też najnowsze gadżety do gotowania używane przez kogoś, kto lubi gotować. Każdy dzień przynosi ekscytujące spotkanie z nieznanym. To naturalne, że zainteresowania i zawody moich klientów są niezwykle zróżnicowane.

Przeżywam jednak szok, kiedy odkrywam masowe zapasy prostych rzeczy, które znaleźć można w każdym domu. Zawsze spisuję orientacyjną ilość różnych rzeczy, które są w posiadaniu moich klientów, a zwłaszcza zwracam uwagę na rankingi masowych zapasów, gdyż wciąż pobijane są nowe rekordy. Któregoś dnia odkryłam ogromny zbiór szczotek do zębów. Do tej pory rekordowa liczba wynosiła 35 szczoteczek. Już tamten zbiór wydawał się ogromny. „Chyba masz o kilka za dużo"– zauważyłam i obie wybuchnełyśmy śmiechem. Jednak i ten rekord udało się pobić. Klientka miała 60 szczoteczek! Były ułożone w pudełkach pod umywalką i wyglądały jak dzieło sztuki. Fascynuje mnie to, jak ludzki umysł próbuje odnaleźć sens nawet w bezsensie. Zaczęłam się zastanawiać, czy zużywa tyle szczoteczek, bo za często myje zęby, czy też może do mycia każdego zęba używa innej szczoteczki?

Kolejną niespodzianką było 30 pudeł folii spożywczej. Otworzyłam szafkę nad zlewem, która była wypełniona czymś, co wyglądało jak żółte klocki LEGO®. „Używam folii codziennie" – wyjaśniła klientka. Jednak nawet gdyby zużywała pudełko tygodniowo, starczyłoby jej zapasów na pół roku. Folię można kupić w rolkach po 20 m. Żeby zużyć jedną rolkę tygodniowo, trzeba by przykryć talerz o średnicy 20 cm 66 razy i to nie oszczędzając folii. Już na samą myśl o wyciąganiu i odrywaniu tyle razy folii, miałam wrażenie, że dostaję zespołu cieśni nadgarstka.

Jeżeli chodzi o papier toaletowy, to rekordowy zapas wynosił 80 rolek. Klientka tłumaczyła mi, że miewa biegunki i szybko zużywa papier. Jednak nawet gdyby zużywała rolkę dziennie, papieru starczyłoby jej na co najmniej trzy miesiące. Nie jestem pewna, czy byłaby w stanie zużyć rolkę dziennie, nawet gdyby cały dzień wycierała pupę, a do tego czasu zdarłaby sobie całą skórę. Zastanawiałam się, czy nie powinnam dać jej kremu na skórę, zamiast udzielać lekcji porządkowania.

Szczytowym osiągnięciem był jednak stos 20 tys. patyczków do uszu, na który składało się 100 pudełek, w których było po 200 patyczków. Gdyby moja klientka zużywała patyczek dziennie, potrzebowałaby 55 lat na wykorzystanie zapasów. Do tego czasu musiałaby opracować niezwykłą technikę czyszczenia uszu. Ostatni zużyty patyczek byłby jak świętość.

Być może trudno uwierzyć w te relacje, ale wcale nie żartuję. Co najdziwniejsze, żadna z tych klientek nie zdawała sobie sprawy, ile ma rzeczy, dopóki nie zaczęły sprzątać. Chociaż posiadały ogromne zapasy, to jednak zawsze czuły, jak gdyby nie miały wystarczającej ilości i że zaraz czegoś zabraknie. Chyba żadna ilość nie zdoła zapewnić poczucia bezpieczeństwa osobom, które gromadzą takie zapasy. Im więcej mają, tym bardziej się martwią, że to nie wystarczy i tym większy odczuwają lęk. Nawet gdyby zostały im dwie rzeczy i tak kupią jeszcze pięć.

Jeżeli czegoś zabraknie w domu, nie jest to aż taki wielki problem, jak wtedy, gdy zabraknie czegoś w sklepie. Możesz być chwilo zestresowana, ale nie stanie się nic strasznego. Co powinniśmy zrobić z takimi zapasami? Wydaje się, że najlepszym rozwiązaniem byłoby zużyć te wszystkie rzeczy, dopóki jeszcze mają ważną datę przydatności. Ja natomiast zalecam pozbyć się nadmiaru i to natychmiast. Oddaj rzeczy znajomym, którzy mogą ich potrzebować, przekaż jako darowiznę albo zanieś do punktu recyklingu. Może ci się to wydać stratą pieniędzy, ale zmniejszenie swoich zapasów i uwolnienie się od nadmiaru, to najszybszy i najskuteczniejszy sposób wprowadzenia porządku.

Kiedy doświadczysz wolności od nadmiaru, nie będziesz chciała z niej zrezygnować i przestaniesz gromadzić. Klienci mówią mi, że teraz życie jest dużo ciekawsze, ponieważ gdy czegoś im zabraknie, to przyjemność sprawia im obserwowanie, jak długo potrafią się bez tego obyć lub myślenie, czy da się to zastąpić czymś innym. Ważne, aby móc ocenić, co się ma pod ręką i wyeliminować nadmiar.

Zmniejszaj posiadane ilości, aż zaskoczy

Sortuj według kategorii i w prawidłowej kolejności, zatrzymaj tylko te rzeczy, które wzbudzają w tobie radość. Rób to starannie i szybko, za jednym razem. Jeżeli posłuchasz tej rady, radykalnie zmniejszysz ilość posiadanych rzeczy, doświadczysz radości, jak nigdy i zyskasz pewność siebie.

Jaki jest idealny stan posiadania? Sądzę, że większość ludzi tego nie wie. Jeżeli całe życie mieszkałeś w wysoko rozwiniętym kraju, najprawdopodobniej jesteś otoczony znacznie większą liczbą rzeczy, niż potrzebujesz. Ludziom trudno sobie wyobrazić, ile dokładnie potrzebują, żeby żyć komfortowo. Redukując stan posiadania poprzez sprzątanie, dojdziesz do punktu, w którym poczujesz, jaka ilość jest właściwa dla ciebie. To będzie tak jasne, jakby coś nagle zaskoczyło w twoim umyśle i jakiś głos powiedział ci, że tyle właśnie potrzebujesz, żeby żyć komfortowo i być szczęśliwym. I że nie potrzebujesz niczego więcej. Zadowolenie, które cię ogarnie, będzie niemal namacalne. Nazywam to „momentem, w którym zaskoczyło". Co ciekawe, kiedy przekroczysz ten punkt, okaże się, że ilość posiadanych przedmiotów się nie zwiększa. To dlatego właśnie nie wrócisz do poprzedniego stanu.

Dla każdego może on nastąpić na innym etapie. Dla amatora butów, może to być 100 par butów, a miłośnik książek będzie potrzebował setek książek. Osoby takie jak ja mają więcej ubrań noszonych po domu niż na miasto, a jeszcze inni wolą chodzić po domu nago, i w związku z tym nie potrzebują ubrań po domu. (Zdziwiłbyś się wiedząc, ile jest takich osób).

Porządkując swój dom i zmniejszając stan posiadania, zobaczysz, jakie są twoje rzeczywiste wartości i co się dla ciebie liczy w życiu. Nie skupiaj się jednak na redukowaniu czy skutecznych metodach magazynowania. Skoncentruj się na dokonaniu wyboru rzeczy, które przynoszą ci radość i zbliżają do wymarzonego stylu życia. To prawdziwa przyjemność sprzątania. Jeżeli jeszcze nie poczułaś, że coś w tobie zaskoczyło, nie martw się. Możesz dalej zmniejszać swój stan posiadania. Wykonaj to zadanie z pewnością siebie.

Podążaj za intuicją, a wszystko będzie dobrze

„Wybieraj tylko te rzeczy, które wywołują w tobie radość, gdy ich dotykasz".

„Wieszaj na wieszakach ubrania, którym odwdzięczasz się, że dobrze ci służyły".

„Nie obawiaj się, że wyrzucisz za dużo".

„Przyjdzie taki moment, że będziesz wiedział, ile to dla ciebie wystarczająco".

Jeżeli doszłaś do tego momentu, to pewnie zauważyłaś, że jako podstawę podejmowania decyzji proponuję uczucia. Wiele osób może dziwić to mgliste kryterium „rzeczy, które przynoszą ci radość" czy też „moment, w którym zaskoczy". Większość metod podaje jasne cele ilościowe, np. „Wyrzuć wszystko, czego nie nosiłaś przez dwa lata", „Siedem marynarek i dziesięć bluzek to właściwa ilość". „Za każdym razem, gdy coś kupujesz, wyrzuć jedną rzecz". Uważam, że to właśnie jest powód, dla którego metody te są nieskuteczne.

Nawet jeżeli tymczasowo udaje ci się uzyskać porządek, to automatyczne kierowanie się kryteriami zaproponowanymi przez innych ludzi i oparte na ich wiedzy, nie przyniesie długotrwałego efektu. Kryteria muszą pasować do twoich standardów i do tego, co ty uważasz za właściwe. Tylko ty wiesz, w jakim otoczeniu czujesz się szczęśliwa. Dobór przedmiotów jest bardzo osobisty. Żeby uniknąć nawrotu bałaganu, musisz stworzyć własną metodę sprzątania i stosować własne standardy. To dlatego tak ważne jest określenie, jakie uczucia wzbudza w tobie każdy posiadany przedmiot.

Posiadanie nadmiaru rzeczy, których nie jesteś w stanie się pozbyć, wcale nie oznacza, że o nie dbasz. Może być na odwrót. Posiadanie takiej ilości rzeczy, nad którą jesteś w stanie zapanować, ożywi twoje relacje z rzeczami. Wyrzucenie rzeczy nie oznacza, że wyrzekasz się swoich doświadczeń czy tożsamości. Poprzez proces wyboru tych rzeczy, które wywołują w tobie radość, możesz dokładnie określić, co kochasz i czego potrzebujesz.

Kiedy mierzymy się z posiadanymi rzeczami, budzi się w nas wiele emocji. Te emocje są prawdziwe. Poprzez te emocje przejawia się energia życiowa. Uwierz temu, co mówi twoje serce, gdy zadajesz sobie pytanie: „Czy to wzbudza moją radość?". Jeżeli kierujesz się intuicją, będziesz zadziwiona, ile rzeczy w twoim życiu zacznie się splatać i jakie nastąpią radykalne zmiany. To tak jak gdyby twoje życie zostało poddane działaniu magii. Uporządkowanie domu jest właśnie tą magią, która przynosi szczęśliwe i pulsujące energią życie.

ROZDZIAŁ CZWARTY

OD PRZECHOWYWANIA RZECZY DO ŻYCIA PEŁNEGO PASJI

Każdej rzeczy wyznacz miejsce

Po powrocie z pracy codziennie wykonuję ten sam ciąg czynności. Otwierając drzwi, ogłaszam mojemu domowi swoje przybycie. Podnoszę buty, które miałam na sobie poprzedniego dnia i zostawiłam w korytarzu. Chwalę je za ciężko wykonaną pracę. Odkładam je do szafki na buty. Następnie zdejmuję buty, które miałam na sobie i stawiam je równiutko w korytarzu. Kieruję się do kuchni, nastawiam czajnik i idę do sypialni. Kładę torebkę na miękkim dywanie wełnianym i zdejmuję ubranie, które miałam na sobie w pracy. Wieszam kurtkę i sukienkę na wieszaku i mówię im, że dobrze się sprawiły. Wieszak umieszczam tymczasowo na klamce szafy. Wkładam rajstopy do kosza na pranie, który mieści się w prawym rogu szafki, otwieram szufladę i wyjmuję ubranie na zmianę. Witam się z rośliną w doniczce stojącą przy oknie, głaszcząc jej liście.

Moim następnym zadaniem jest opróżnienie zawartości torebki na dywan i ułożenie każdej rzeczy na swoim miejscu. Najpierw wyjmuję wszystkie rachunki. Następnie odkładam ze słowami wdzięczności torebkę do specjalnego pudełka w szufladzie pod łóżkiem. Obok kładę bilet na pociąg i wizytownik. Umieszczam zegarek na rękę w staromodnym różowym etui w tej samej szufladzie, a wisiorek i kolczyki na tacy obok. Zanim zamknę szufladę, dziękuję swoim rzeczom za to, co dla mnie dzisiaj zrobiły.

Następnie wracam do holu i odkładam książki i zeszyty, które nosiłam przez cały dzień (półkę w szafce na buty wykorzystuję do przechowywania książek). Z półki niżej wyciągam woreczek na paragony i wkładam je tam. Aparat cyfrowy, który wykorzystuję do pracy, kładę w kąciku zarezerwowanym dla urządzeń elektrycznych. Papiery, które już wykorzystałam, idą do odpowiedniego kosza pod kuchenką. W kuchni przygotowuję czajniczek herbaty, a w tym czasie sprawdzam pocztę. Wyrzucam przeczytane listy.

Wracam do sypialni, kładę pustą torebkę do torby i umieszczam ją na górnej półce szafy, mówiąc jej, że dobrze się sprawiła i żeby wypoczęła. Od momentu wejścia do domu do zamknięcia szafy minęło zaledwie pięć minut. Teraz mogę wrócić do kuchni, nalać sobie filiżankę herbaty i odpocząć.

Nie podaję tego opisu, żeby chwalić się moim cudownym życiem, a raczej pokazać, jak to jest mieć wyznaczone miejsce dla każdej rzeczy. Utrzymanie porządku staje się naszą drugą naturą. Nie wymaga ono wysiłku, nawet kiedy przychodzi się zmęczonym po pracy, a poza tym ma się więcej czasu na cieszenie się życiem.

Najważniejsze jest znalezienie dla każdej rzeczy właściwego jej miejsca. Może pomyślisz, że zajmie ci to wieczność, ale nie musisz się martwić. Chociaż wydaje się, że podjęcie decyzji w przypadku każdej rzeczy musi być bardzo skomplikowane, jest to o wiele prostsze niż postanowienie o tym, co zatrzymać, a co wyrzucić. Ponieważ już zdecydowałaś, co zatrzymać, kierując się kategoriami, a wszystkie rzeczy należą do jednej kategorii, wystarczy, że położysz je obok siebie.

Każda rzecz powinna mieć swoje wyznaczone miejsce, dlatego że każdy „bezdomny" przedmiot, to większe ryzyko, że twój dom znowu opanuje bałagan. Powiedzmy, że masz półkę, na której nic nie leży. Co się stanie, jeżeli ktoś położy na niej przedmiot, który nie ma swojego wyznaczonego na niej miejsca? Ten jeden przedmiot popchnie cię na złą drogę. Przestrzeń, w której panował porządek, niepostrzeżenie zapełni się przedmiotami, jak gdyby ktoś zachęcał je do gromadzenia się właśnie tam.

Miejsce wyznacza się danej rzeczy tylko raz. Spróbuj. Będziesz zadziwiona rezultatami. Nie będziesz już kupowała więcej, niż potrzebujesz. Rzeczy nie będzie przybywać. Tak naprawdę twoje zapasy się zmniejszą. Sedno skutecznego przechowywania stanowi zasada: wyznacz miejsce dla każdej rzeczy, jaką posiadasz. Jeżeli zignorujesz tę podstawową zasadę i zaczniesz eksperymentować z różnymi metodami przechowywania, będziesz tego żałowała. Gadżety służące do przechowywania to prosty sposób na ukrycie rzeczy, które nie wywołują radości.

Jednym z głównych powodów, dla których ludzie wracają do bałaganu, jest niewyznaczenie miejsca dla każdej rzeczy. Jeżeli tego nie zrobisz, to gdzie będziesz kładła rzeczy, po ich użyciu? Kiedy już wybierzesz dla swoich rzeczy miejsce, uda ci się utrzymać dom w porządku. Zdecyduj więc, gdzie powinny być przechowywane rzeczy, a kiedy skończysz z nich korzystać, odłóż je dokładnie w to miejsce. To najważniejszy wymóg dotyczący przechowywania.

Najpierw wyrzucaj, a dopiero potem układaj

Uczestnicy moich kursów są zadziwieni, kiedy pokazuję im zdjęcia domów moich klientów wykonane przed kursem i po nim. Najczęstsza reakcja to: „Ten pokój wygląda na pusty!". To prawda. W wielu przypadkach moi klienci decydują się nie pozostawiać niczego na podłodze, co zakłócałoby widok. Nawet regały potrafią zniknąć. Nie oznacza to jednak, że pozbyli się wszystkich książek. Raczej regały na książki znalazły się w szafie. Wstawianie regałów do dużej szafy to jedna z moich częstych praktyk. Jeżeli masz wypchaną po brzegi szafę, możesz sądzić, że regał nigdy się tam nie zmieści. Zapewne 99 procent moich czytelników ma takie odczucia. Jednak tak naprawdę może tam być dużo miejsca.

Nie zliczę, ile razy skarżono mi się, że nie ma wystarczająco miejsca, a mimo to nie widziałam jeszcze domu, w którym by go brakowało. Prawdziwy problem tkwi w tym, że mamy o wiele więcej, niż byśmy potrzebowali albo chcieli. Kiedy już nauczysz się właściwie dobierać rzeczy, zostanie ci ich tyle, że pomieszczą się idealnie w przestrzeni, jaką posiadasz. To prawdziwa magia sprzątania. Wydaje się to niezwykłe, ale moja metoda trzymania tylko tych rzeczy, które wywołują radość w sercu, jest tak bardzo precyzyjna. To dlatego musisz zacząć od wyrzucania. Kiedy już to zrobisz, bez trudu podejmiesz decyzję, gdzie umieścić swoje rzeczy, gdyż twój stan posiadania będzie zmniejszony o jedną czwartą, a nawet o jedną trzecią. Z kolei niezależnie od tego, ile byś sprzątała i jak skuteczna byłaby metoda przechowywania rzeczy, jeżeli zaczniesz układać rzeczy, zanim wyeliminujesz nadmiar, to na pewno wrócisz do bałaganu. Sama przez to przeszłam.

Tak, ja. Chociaż przestrzegam cię przed staniem się ekspertem czy ekspertką od przechowywania, i namawiam cię, żebyś zapomniała o układaniu rzeczy, dopóki nie zmniejszysz liczby rzeczy, jeszcze nie tak dawno dziewięćdziesiąt procent moich myśli skupiało się na przechowywaniu. Zaczęłam na poważnie myśleć o tych sprawach od momentu, gdy skończyłam pięć lat, tak więc ten etap mojej kariery trwał dłużej niż moja pasja eliminowania, którą odkryłam dopiero jako nastolatka.

W tym okresie spędzałam większość czasu z książką albo czasopismem w ręku i starałam się wymyślić nową metodę na przechowywanie, popełniając każdy możliwy błąd.

Niezależnie, czy chodziło o mój własny pokój, pokoje rodzeństwa czy też szkołę, całe dnie sprawdzałam, co mieści się w szufladach i szafkach. Przesuwałam rzeczy milimetr po milimetrze i starałam się znaleźć idealne ułożenie. „Co się stanie, jeżeli przesunę to pudełko tam?". „A co się stanie, jeżeli wyjmę tę przegródkę?". Niezależnie od tego, gdzie byłam, zamykałam oczy i przekładałam w myślach zawartość szafek, jak gdyby to były fragmenty układanki. Spędziwszy młode lata na zgłębianiu tego tematu, byłam błędnie przekonana, że przechowywanie to rodzaj gry umysłowej, której celem jest sprawdzenie, ile jestem w stanie upchnąć w szafie dzięki racjonalnej organizacji. Gdyby między dwoma meblami była przerwa, to z wyrazem triumfu na twarzy upchnęłabym tam jakiś pojemnik i zapełniłabym go rzeczami. Gdzieś po drodze zaczęłam postrzegać moje rzeczy i dom jako oponenta, którego umiałam pokonać. Byłam stale gotowa do walki.

Im prostsze metody przechowywania, tym lepiej

Kiedy zaczęłam prowadzić swoją działalność, sądziłam, że moim celem będzie pokazanie umiejętności tworzenia cudownych rozwiązań na przechowywanie rzeczy. Mam na myśli sprytne triki, jakie reklamowane są w sklepie, na przykład zestaw półek, który świetnie pasuje do malutkiej przestrzeni, o której nikt by nie pomyślał, żeby z niej skorzystać. Miałam jakieś dziwne przekonanie, że to jedyny sposób, żeby usatysfakcjonować moich klientów. Zmyślne rozwiązania są jednak prawie zawsze niepraktyczne i służą tylko zaspokojeniu ego projektanta.

Dla przykładu, pomagałam kiedyś klientce przeorganizować dom i natrafiłam na talerz obrotowy (taki używa się na stołach w chińskich restauracjach). Kiedyś służył on jako podstawa mikrofalówki, ale kuchenki już dawno tam nie było. Kiedy go zobaczyłam, wpadłam na genialny pomysł przemienienia go w element do przechowywania. Nie byłam pewna, do czego dokładnie mogłabym go użyć, gdyż był to duży i gruby talerz, aż moja klientka wspomniała, że ma tyle sosów do sałatek, że nie wie, jak i gdzie je trzymać. Otworzyłam szafkę i zobaczyłam – tak jak mówiła – przestrzeń po brzegi wypełnioną butelkami z sosami do sałatek. Wyjęłam je i spróbowałam umieścić w środku talerz obrotowy. Pasował idealnie. Załadowałam ją i proszę, miałam elegancki i schludny element szafki. Można było dostać się do butelek obracając talerz. Co za wygoda! Klientka była zachwycona i wszystko wydawało się idealnie składać.

Niedługo potem zdałam sobie sprawę ze swojego błędu. Podczas naszej następnej lekcji zajrzałam do kuchni. Była prawie cała uporządkowana i czysta, ale kiedy otworzyłam drzwi szafki z sosami, zauważyłam, że w środku panuje bałagan. Kiedy zapytałam dlaczego, powiedziała, że za każdym razem, kiedy obracała tacę, butelki ześlizgiwały się i spadały. Miała też zbyt wiele butelek, więc te dodatkowe stawiała na krawędzi talerza i trudno było nim kręcić.

Jak widzicie, byłam tak pochłonięta zmyślnym wykorzystaniem talerza obrotowego, że nie zwróciłam uwagi na to, co przechowuję – butelki, które się ześlizgują i spadają. Kiedy się nad tym głębiej zastanowiłam, zdałam sobie sprawę, że nikt nie potrzebuje często sięgać do rzeczy, które są z tyłu szafki, więc talerz obrotowy nie był potrzebny. Poza tym okrągły kształt zabiera zbyt wiele miejsca i przyczynia się do marnowania przestrzeni, co leży w sprzeczności z jej ekonomicznym wykorzystaniem. Usunęłam w końcu tacę, butelki włożyłam do kwadratowego pudełka i umieściłam na powrót w szafce. Prosty i konwencjonalny sposób przechowywania sprawdził się według mojej klientki o wiele lepiej. Na podstawie tego doświadczenia doszłam do wniosku, że sposoby przechowywania powinny być jak najprostsze. Nie ma sensu wymyślać skomplikowanych strategii.

Większość ludzi zdaje sobie sprawę, że bałagan jest spowodowany przez nadmiar. Dlaczego mamy za dużo rzeczy? Zwykle dzieje się tak dlatego, że nie widzimy, ile dokładnie ich mamy. Nie mamy całościowego obrazu, gdyż stosowane metody przechowywania są zbyt złożone. Unikniesz nadmiaru tylko wtedy, gdy będziesz potrafiła uprościć stosowane metody. Sekretem do uporządkowanego pokoju jest maksymalna prostota przechowywania – na pierwszy rzut oka powinnaś móc stwierdzić, ile masz rzeczy. Używam określenia maksymalna prostota nie bez powodu. Nie da się pamiętać o istnieniu każdej rzeczy, jaką posiadamy, nawet jeżeli uprościmy metody magazynowania. Nawet w moim domu, w którym tyle wysiłku włożyłam w uproszczenie przechowywania, zdarza mi się zauważyć w jakieś szafce czy szufladzie rzecz, o której całkowicie zapomniałam. Gdybym stosowała bardziej skomplikowane techniki, na przykład podzieliła rzeczy w zależności od tego, jak często z nich korzystam, jestem pewna, że o wiele więcej rzeczy zalegałoby w kątach. Dlatego też maksymalne uproszczenie ma największy sens.

Nie rozkładaj rzeczy po całym domu

Z podanych powyżej powodów stosuję bardzo proste metody przechowywania. Kieruję się dwiema zasadami: trzymam wszystkie rzeczy z tej samej kategorii w tym samym miejscu i nie rozkładam przestrzeni do przechowywania po całym dom.

Są tylko dwa sposoby na dokonanie podziału posiadanych przez nas rzeczy: ze względu na rodzaj rzeczy i osobę.

Łatwo to zrozumieć na przykładzie osoby, która mieszka sama. Jeżeli mieszkasz sama lub masz własny pokój, metoda składowania jest prosta – po prostu wyznacz jedno miejsce dla rzeczy z jednej kategorii. Możesz ograniczyć liczbę kategorii do minimum, stosując ten sam podział co przy sortowaniu. Zacznij od ubrań, potem przejdź do książek, dokumentów, *komono* i wreszcie do pamiątek lub rzeczy o wartości sentymentalnej. Jeżeli zastosujesz ten porządek, możesz ustalić miejsce przechowywania, gdy tylko zdecydujesz, co zatrzymać.

Możesz nawet zastosować podział na szersze kategorie. Wykorzystaj jako kryterium podobieństwa materiału, np. „tkaninopodobne", „papieropodobne", „rzeczy, które mają części elektryczne". Jest to o wiele prostsze niż próba wyobrażenia sobie, w jakich miejscach będziesz korzystać z danego przedmiotu albo z jaką częstotliwością. Stosując moją metodę, będziesz w stanie o wiele precyzyjniej podzielić rzeczy na kategorie.

Jeżeli już pracujesz nad wyborem tego, co chcesz zatrzymać, stosując kryterium, co przemawia do twojego serca, zrozumiesz, co mam na myśli. Zebrałaś już rzeczy z każdej kategorii, rozłożyłaś je w jednym miejscu i wzięłaś do ręki, rozważając swój wybór. Dzięki wysiłkowi, jaki w to włożyłaś, już w znacznym stopniu wyćwiczyłaś swoje wyczucie, co do siebie pasuje i co gdzie najlepiej umieścić.

Jeżeli mieszkasz z rodziną, najpierw jasno rozgranicz przestrzeń dla rzeczy każdego z członków rodziny. Jest to konieczne. Możesz na przykład wyznaczyć osobny kącik dla siebie, partnera czy partnerki oraz dzieci i w odpowiednim kąciku umieszczać to, co należy do danej osoby. Tylko tyle trzeba. Najważniejsze, żeby jednej osobie przypisać jedno miejsce, jeśli tylko to możliwe. Innymi słowy, rzeczy należy przechowywać w jednym miejscu. Jeżeli miejsca są porozrzucane po całym domu, to w okamgnieniu zapanuje bałagan. Najskuteczniejszym sposobem na utrzymanie porządku w zakresie składowania rzeczy jest zgromadzenie rzeczy danej osoby w jednym miejscu.

Miałam raz klientkę, która poprosiła mnie o pomoc w nauczeniu dziecka porządku. Jej córeczka miała trzy lata. Kiedy odwiedziłam ją w domu, okazało się, że rzeczy jej córeczki były porozkładane w wielu miejscach: ubranka były w sypialni, zabawki w salonie, a książki w pokoju dziennym. Zgodnie z podstawowymi zasadami sortowania i składowania, zebrałyśmy wszystko w pokoju dziecka. Od tamtego czasu dziewczynka zaczęła sama wybierać ubranka i odkładać rzeczy na miejsce. Chociaż to ja dałam takie polecenie, byłam zaskoczona. Nawet trzyletnie dziecko potrafi sprzątać!

Posiadanie własnej przestrzeni uszczęśliwia. Kiedy czujesz, że coś do ciebie należy, chcesz utrzymać porządek. Jeżeli trudno jest każdemu przydzielić własny pokój, w dalszym ciągu może on mieć własną przestrzeń, w której będzie chował rzeczy. Wielu osobom, które poznałam, a które mają problem ze sprzątaniem, sprzątały ich matki, albo osoby te nie miały nigdy przestrzeni, która byłaby naprawdę ich. Ludzie ci często przechowują ubrania w komodzie dzieci albo książki na regale swojego partnera czy partnerki. Brak własnej przestrzeni jest niebezpieczny. Każdy potrzebuje azylu.

Zdaję sobie sprawę, że kiedy zaczniesz sprzątać, możesz odczuć pokusę sprzątania miejsc czy rzeczy, które są wspólne dla domowników, na przykład salonu, kosmetyków i leków czy też różnych urządzeń i zapasów domowych. Proszę cię, żebyś zostawiła je na później. Zacznij od sortowania własnych rzeczy. Wybierz to, co chcesz zatrzymać i umieść to we własnej przestrzeni. Opanujesz w ten sposób podstawy utrzymania porządku w domu. Zachowanie właściwej kolejności jest równie ważne jak dobór rzeczy, które pragniesz zatrzymać.

Zapomnij o „przepływie ruchu" i „częstotliwości użycia"

Mądre książki na temat sprzątania często zalecają czytelnikom, żeby wzięli pod uwagę jak wygląda przemieszczanie się po danym domu. Nie twierdzę, że takie rady są złe. Jest wiele osób, które wybierają praktyczne metody przechowywania, biorąc pod uwagę natężenie ruchu w domu, tak więc moje uwagi kieruję do czytelników, którzy zamierzają zastosować metodę KonMari. Zapomnijcie o przepływie ruchu w domu.

Kiedy jedna z moich klientek, pięćdziesięcioletnia kobieta, skończyła sortować i układać swoje rzeczy, zabrała się za rzeczy męża. Powiedziała mi, że mąż musi mieć wszystko pod ręką, niezależnie czy chodzi o pilot do telewizora, czy książkę. Kiedy przyjrzałam się zagospodarowaniu ich domu, okazało się, że rzeczy męża leżą wszędzie. Obok toalety stał mały regał, w holu było miejsce na jego torby, niedaleko wanny były szuflady ze skarpetkami i bielizną. Nie wpłynęło to jednak na mój sposób postępowania. Zawsze nalegam, aby trzymać rzeczy w jednym miejscu, poleciłam więc klientce, aby przeniosła bieliznę, skarpetki i torby męża do szafy, w której wisiały jego garnitury. Wyglądała na zestresowaną i wyjaśniła mi, że mąż lubi trzymać rzeczy tam, gdzie z nich korzysta, więc zmiana go zdenerwuje.

Powszechny błąd, jaki popełnia wielu ludzi, to podjęcie decyzji o tym, gdzie trzymać rzeczy na podstawie tego, skąd najłatwiej jest je wyjmować. To pułapka. Bałagan pojawia się wtedy, gdy rzeczy nie są odkładane na swoje miejsce. Przechowując rzeczy, powinniśmy zatem ograniczyć wysiłek, jakiego wymaga ich odkładanie, a nie wyjmowanie. Kiedy z czegoś korzystamy, mamy jasno określony cel. Poza przypadkami, gdy jest to jakaś bardzo skomplikowana czynność, zwykle nie przeszkadza nam odrobina wysiłku, jakiej to wymaga. Bałagan ma dwie możliwe przyczyny: zbyt wiele wysiłku trzeba włożyć w odłożenie rzeczy lub też nie wiadomo, gdzie dana rzecz powinna leżeć. Jeżeli pominiemy ten istotny aspekt, to nasz system doprowadzi do bałaganu. Polecam osobom takim jak ja, które są z natury leniwe, skupić się na trzymaniu rzeczy w jednym miejscu. Najczęściej uważa się, że wygodniej jest trzymać wszystko w zasięgu ręki.

Wielu ludzi tak planuje rozkład rzeczy, żeby pasował do przemieszczania się po domu. Jak myślisz, skąd bierze się taki, a nie inny sposób poruszania się po domu? Przeważnie chodzi nie o to, co dana osoba robi w ciągu dnia, ale gdzie trzyma rzeczy. Możemy uważać, że sposób przechowywania rzeczy jest dopasowany do naszego zachowania, ale tak naprawdę nieświadomie dopasowujemy nasze czynności do miejsc, w których trzymamy nasze rzeczy. Rozłożenie miejsc, w których trzymamy rzeczy tak, aby dopasować je do naszego przemieszczania się po domu, spotęguje dalsze ich rozkładanie. Coraz łatwej będzie nam przychodziło gromadzenie większej ilości rzeczy i zapomnimy, co tak naprawdę posiadamy, znacznie utrudniając sobie życie.

Biorąc pod uwagę przeciętną powierzchnię japońskich mieszkań, rozkład rzeczy, który jest dopasowany do kierunku ruchu, tak naprawdę niewiele wnosi. Przejście z jednego końca domu do drugiego zajmie ci około 10–20 sekund, po co więc kłopotać się poruszaniem po domu?

Jeżeli twoim celem jest uzyskanie pokoju, który nie byłby zagracony, o wiele istotniejsze jest takie ułożenie rzeczy, żeby łatwo zorientować się, gdzie co jest, a nie zastanawiać się nad tym.

Nie ma powodu komplikować sobie życia. Po prostu ustal, gdzie będziesz trzymać rzeczy zgodnie z rozkładem domu, a twoje problemy z przechowywaniem zostaną rozwiązane. To dlatego metoda, którą stosuję, jest tak prosta. Szczerze mówiąc, pamiętam rozmieszczenie rzeczy w domach prawie wszystkich moich klientów. Na tym polega prostota metody. Nigdy nie brałam pod uwagę przepływu ruchu, pomagając klientom zorganizować dom, a jednak u żadnego z nich nie wystąpiły problemy. Wręcz przeciwnie, kiedy stworzyli prosty plan przechowywania rzeczy, już nigdy nie musieli się zastanawiać, gdzie co ma swoje miejsce, i odkładanie rzeczy na miejsce stało się dla nich odruchowe. W ich domach panuje ład.

Trzymaj podobne rzeczy w jednym miejscu albo blisko siebie. Jeżeli zastosujesz się do tej rady, przekonasz się, że stworzyłaś bardzo naturalny przepływ ruchu. Nie ma także potrzeby brać pod uwagę częstości użycia. Niektóre książki na temat sprzątania proponują klasyfikację rzeczy w oparciu o częstość użycia: raz dziennie, raz na trzy dni, raz w tygodniu, raz w miesiącu, raz w roku i rzadziej niż raz w roku. Czy tylko mnie zaczyna się kręcić w głowie na myśl o dzieleniu szuflad na sześć osobnych części?

Stosuję tylko dwie kategorie częstotliwości użycia: rzeczy, z których korzystam i których nie używam.

Weźmy pod uwagę zawartość szuflady. Zaczniesz w sposób naturalny trzymać rzeczy, z których korzystasz rzadziej z tyłu szuflady, a tych, z których korzystasz częściej – z przodu. Nie trzeba o tym decydować, kiedy pierwszy raz układasz rzeczy. Kiedy podejmujesz decyzję o tym, co zatrzymać, zdaj się na swoje serce, a o to gdzie – na dom. Jeżeli to zapamiętasz, będziesz instynktownie wiedzieć, jak organizować i przechowywać rzeczy.

Nigdy nie kładź rzeczy jedna na drugiej: przechowuj je pionowo

Są ludzie, którzy przechowują wszystko w stosikach, zarówno książki i papiery, jak i ubrania. To ogromne marnotrawstwo. Jeśli chodzi o przechowywanie, najlepszym sposobem jest trzymanie rzeczy pionowo. Mam wręcz obsesję na tym punkcie. Wszystko, co tylko mogę, trzymam w pozycji pionowej, w tym ubrania, które składam i stawiam pionowo w szufladach oraz rajstopy, które roluję i stawiam w pudełku. Tak samo materiały biurowe i przybory do pisania: niezależnie co to jest – spinacze, miarki, czy gumki – wszystko stawiam na krawędzi. Nawet mój laptop stoi na półce, jakby był książką. Jeżeli wydaje się, że powinnaś mieć wystarczająco miejsca, ale nic się nie mieści, spróbuj ustawiać rzeczy pionowo. Okaże się, że jest to sposób na rozwiązanie większości problemów.

Ja przechowuję rzeczy pionowo i unikam kładzenia ich jedna na drugiej z dwóch powodów. Po pierwsze, tworząc z rzeczy stosy, nabiera się przekonania, że ma się niewyczerpaną ilość miejsca. Poza tym stos rzeczy może rosnąć bez końca i trudniej kontrolować ich napływ. Z kolei przy ułożeniu pionowym zwiększenie ilości rzeczy powoduje ubytek miejsca. Łatwiej wtedy zauważyć, że znowu zaczęło się gromadzić rzeczy.

Takie ułożenie negatywnie odbija się także na rzeczach, które leżą na samym dole. Kiedy rzeczy leżą jedna na drugiej, to te na samym dole ulegają całkowitemu zgnieceniu. Nacisk osłabia rzeczy, na których spoczywa ciężar całej sterty. Wyobraź sobie, jakbyś się czuła, gdybyś godzinami musiała nosić ciężary. Rzeczy, które są na samy dole, znikają z pola widzenia, tak jakby nie istniały. Coraz rzadziej używamy ubrań, które spoczywają na samym dnie szuflady. Ubrania, które przestały cieszyć naszych klientów, chociaż w momencie zakupów były przedmiotem zachwytu, to najczęściej te, które spędziły długi czas na dole sterty.

Tak samo dzieje się w przypadku papierów i dokumentów. Gdy tylko położymy jakiś dokument na wierzchu, te, które leżą pod nim znikają z naszej świadomości i odkładamy załatwienie związanej z nimi sprawy na później albo i całkowicie o niej zapominamy. Z tych właśnie powodów zalecam trzymanie wszystkiego, co tylko się da, w pozycji pionowej. Weź do ręki stos rzeczy i spróbuj postawić go pionowo. Już sam ten ruch uświadomi ci, jak wiele rzeczy znajduje się na tej kupie. Pionowe ustawienie może być wykorzystane wszędzie. Bardzo często w lodówce panuje chaos, ale jej zawartość można szybko uporządkować, jeżeli postawisz produkty pionowo. Ja na przykład uwielbiam marchewkę. W mojej lodówce marchewki stoją pionowo w pojemnikach plastikowych.

Nie potrzebujesz stosować specjalnych gadżetów

Świat jest pełen gadżetów do przechowywania rzeczy. Przegródki, stojaki na ubrania, które możesz zawiesić w szafie, niewielkie półeczki, które mieszczą się w wąskiej przestrzeni. Kreatywne rozwiązania znajdziesz w każdym sklepie – od tych typu wszystko po 5 złotych, po eleganckie sklepy z wyposażeniem wnętrz. Sama kiedyś byłam fanatyczką korzystania z rozwiązań na przechowywanie, więc w pewnym okresie wypróbowałam wszystko, co tylko było dostępne na rynku, włączając w to najwymyślniejsze i najdziwniejsze pomysły. Prawie nic z tego nie ostało się w moim domu.

Mam kilka zestawów przezroczystych, plastikowych szuflad na ubrania i *komodo* oraz zestaw szuflad z tektury, których używam od czasu gimnazjum, i ratanowy kosz na ręczniki. Tylko tyle. Wszystko trzymam w środku wbudowanej w ścianę szafy. Mam też wbudowane w ścianę półki w kuchni i łazience oraz szafkę na buty w holu. Nie potrzebuję regału na książki, gdyż wszystkie książki i papiery trzymam na półce w szafie na buty. Wbudowane szafy i półki nie muszą być duże. Jedyne, czego potrzebujesz do przechowywania rzeczy, to zwykle szuflady i pudełka – nie potrzebujesz poza tym nic szczególnego.

Często jestem pytania o to, co bym poleciła. Z pewnością kryje się za tym nadzieja, że zdradzę jakiś tajemny cudowny sposób. Powiem z całą pewnością, że nie ma potrzeby kupowania specjalnych przegródek czy innych gadżetów. Problemy z przechowywaniem rozwiążesz za pomocą tego, co już masz w domu. Najczęściej używam pustych pudełek po butach. Próbowałam różnych produktów, ale nie znalazłam niczego równie dobrego, a przy tym darmowego. Przeciętne pudełko spełnia pięć z moich kryteriów: rozmiar, materiał, trwałość, łatwość użycia i estetyka. Wyżej wymienione zalety i wytrzymałość to największe atuty pudełek. W Japonii można kupić buty w estetycznych pudełkach.

Często sugeruję klientom, aby wykorzystywali pudełka po butach.

A stosować je można na nieograniczoną liczbę sposobów. Często trzymam w nich skarpetki i rajstopy. Wysokość pudełka zazwyczaj pasuje do postawionych w pionie zwiniętych rajstop. W łazience można w nich trzymać butelki z szamponem, odżywką itd. Są także idealne do trzymania proszków do prania i pozostałych środków czystości. W kuchni można w nich trzymać produkty żywnościowe, ale także worki na śmieci, ściereczki itd. Trzymam w nich foremki, brytfanny i inne naczynia, których rzadziej się używa. Pudełko może stać na górnej półce. Z jakiegoś powodu wielu ludzi woli trzymać formy do pieczenia w plastikowych workach, ale o wiele łatwiej się z nich korzysta, kiedy znajdują się w pudełku na buty. To niezwykle proste rozwiązanie jest bardzo popularne wśród moich klientów. Zawsze się cieszę, kiedy mówią mi, że od czasu reorganizacji zaczęli więcej piec.

Przykrywka od pudełka na buty jest płytka i może być używana jako taca. Można ją wstawić do szafki i postawić na niej oleje i przyprawy. Spód szafki pozostanie wtedy czysty. W przeciwieństwie do wielu mat ochronnych na półki, pudełka nie ślizgają się i łatwiej je wymienić. Jeżeli trzymasz w szufladzie taki sprzęt kuchenny jak chochle, możesz włożyć je do przykrywki pudełka. Dzięki temu sprzęt nie obija się hałaśliwie po szufladzie za każdym razem, kiedy ją zamykasz i otwierasz, a ponieważ pełni też rolę przegródki, można racjonalniej zagospodarować miejsce.

Oczywiście są jeszcze inne rodzaje pudełek, które świetnie się sprawdzają. Ja korzystam najczęściej z plastikowych kasetek na wizytówki i takich, w których kupuje się iPoda. Pudełka do wiele produktów firmy Apple posiadają właściwy rozmiar i układ, więc jeżeli takowe posiadasz, polecam wykorzystać je jako przegródki w szufladach. Są idealne do przechowywania długopisów, ołówków i innych przyborów do pisania. Kolejną standardową rzeczą, którą można wykorzystać, są plastikowe pudełka na żywność, w których można przechowywać małe przedmioty w kuchni.

Tak naprawdę nada się każde pudełko czy pojemnik o właściwym rozmiarze. Duże tekturowe pudła i pudła po urządzeniach elektrycznych nie nadają się jako przegródki, są niewygodne i po prostu brzydkie. Pozbądź się ich. Kiedy tylko w czasie sortowania rzeczy natrafisz na pudełko, które może się przydać, odłóż je na bok i wykorzystaj w fazie układania. Ale wyrzuć wszystkie, które ci zostaną po doprowadzeniu domu do porządku. Nie zachowuj ich, mając nadzieję, że może kiedyś się przydadzą.

Nie polecam pudełek okrągłych, w kształcie serca oraz o nieregularnym kształcie, gdyż zwykle zajmują za dużo miejsca. Jeżeli jednak jakieś pudełko wzbudzi w tobie odrobinę radości, to co innego. Bez sensu byłoby je wyrzucić lub nie używać, dlatego też wsłuchaj się w siebie i wykorzystaj je. Możesz na przykład trzymać w takich pudełkach ozdoby do włosów albo wełnę czy zestaw do szycia. Stwórz własne oryginale kombinacje, dopasowując puste pudełko do przechowywanych w nim rzeczy. Najlepszą metodą jest eksperymentowanie i cieszenie się tym procesem.

Kiedy moi klienci korzystają z tego, co już mają w domu, okazuje się, że zawsze znajdą dokładnie to, czego potrzebują, żeby przechowywać swoje rzeczy. Nie potrzebują kupować nowych gadżetów. Oczywiście można kupić wiele świetnych, specjalnie zaprojektowanych pojemników. Jednak w tym momencie najważniejsze jest uporządkowanie domu i to jak najszybciej. Zamiast coś kupować, zaczekaj aż ukończysz cały proces i wtedy poświęć czas na szukanie pomocnych gadżetów, które naprawdę ci się spodobają.

Torby najlepiej przechowywać w innych torbach

Torebki, torby na zakupy i podróżne, których się nie używa, są puste. W którymś momencie zdałam sobie sprawę, jakie to marnotrawstwo miejsca. Nie tylko zabierają dużo miejsca, ponieważ nie można ich złożyć, ale też często są wypchane papierem, aby zachować pierwotny kształt. W japońskich domach, w których jest ograniczona ilość miejsca na przechowywanie rzeczy, takie wykorzystanie przestrzeni wydaje się niewybaczalną ekstrawagancją. Postanowiłam znaleźć jakieś rozwiązanie i zaczęłam eksperymentować. Najpierw wyrzuciłam papier ze środka toreb. W końcu najważniejsze w moim podejściu jest pozbycie się rzeczy, które nie wywołują radości. Zamiast tego próbowałam wypchać torby małymi akcesoriami wykorzystywanymi sezonowo. W lecie umieszczałam w torbach rękawiczki i szale, w zimie kostiumy kąpielowe. Torby zachowały kształt, a jednocześnie podwoiła się ilość wolnego miejsca. Byłam zachwycona rozwiązaniem, za pomocą którego można było upiec dwie pieczenie na jednym ogniu. Po roku zrezygnowałam z tej praktyki. W teorii wydawało się to świetnym pomysłem, ale w praktyce opróżnianie torby za każdym razem, kiedy chciałam ją użyć, było denerwujące. Rzeczy wyjęte z torby znowu zaczynały się piętrzyć w szafie.

Naturalnie nie poddałam się. Dalej szukałam, czym mogę wypchać torbę, a co nie rozpadałoby się na kawałki po wyjęciu z niej. Moim następnym pomysłem było włożenie małych rzeczy do cienkiej, materiałowej torby. Łatwo ją było wyjąć i ładnie prezentowała się w szafie. Byłam zadowolona ze znalezienia kolejnego przełomowego rozwiązania. I ta metoda miała ukryte wady. Nie widziałam rzeczy używanych sezonowo, a kiedy nadeszła pora ich użycia, nie pamiętałam o nich. Zwróciłam na nie uwagę dopiero rok później, a wtedy już wyglądały na mocno sfatygowane. To sprawiło, że zastanowiłam się przez chwilę. Mimo wyznawanej przeze mnie zasady, że ubrania i inne rzeczy sezonowe należy trzymać na widoku, uległam złudzeniu, że będę pamiętać o wyjęciu rzeczy, których nie widać.

Opróżniłam płócienną torbę i uwolniłam rzeczy z torebek. Same torebki były oklapnięte, potrzebowałam więc czegoś, dzięki czemu zachowają swój kształt. Nie chciałam jednak wypełniać ich ubraniami sezonowymi, o których mogłam łatwo zapomnieć. Nie wiedząc, co zrobić, zdecydowałam się umieścić jedną torbę w drugiej, przynajmniej na jakiś czas. To okazało się doskonałym rozwiązaniem. Zmniejszyłam znacznie ilość potrzebnego miejsca na ich przechowywanie, a zawartość była też łatwo widoczna dzięki paskom, które zwisały na zewnątrz.

Najważniejsze, żeby połączyć ze sobą torby takiego samego typu. W jednym zestawie powinny być torebki z podobnego materiału, na przykład sztywnej skóry albo grubego materiału, czy też torebki na specjalne okazje, takie jak na ślub i bal. Dzięki zastosowaniu takiego podziału, będziesz potrzebowała wyjąć tylko jeden typ torebki. Tak jest o wiele łatwiej. Pamiętaj jednak, że nie należy chować zbyt wielu torebek do jednej. Przyjęłam zasadę wkładania nie więcej niż dwóch torebek do jednej. Przechowywanie toreb w ten sposób pozwala nie zapomnieć, co jest w środku. W przypadku toreb na zakupy, które po złożeniu robią się znacznie mniejsze, polecam trzymać je wszystkie w jednej torbie.

Podsumowując, najlepszym sposobem na trzymanie kopertówek, torebek i wszelkiego rodzaju toreb, jest ułożenie ich w zestawy według materiału, z jakiego są zrobione, rozmiaru i częstotliwości użycia, a następnie przechowywanie ich jedna w drugiej, tak jak kładzie się pudełko do pudełka. Paski powinny być widoczne na zewnątrz. Jeżeli torebkę otrzymałaś w opakowaniu, możesz je zachować. Ustaw zestawy obok siebie w szafce czy szafie tak, żeby były widoczne. Wkładanie torebki jedna w drugą, znajdowanie odpowiedniej kombinacji, to dobra zabawa, jak układanie puzzli. Kiedy już dopasujesz odpowiednią parę, w której to torba zewnętrzna i wewnętrzne świetnie do siebie pasują, wiesz, że były sobie przeznaczone.

Codziennie opróżniaj torbę

Są takie rzeczy, których potrzebujesz codziennie, na przykład portfel, bilet na autobus czy pociąg albo kalendarz. Większość osób nie widzi sensu w wyjmowaniu tych rzeczy po przyjściu do domu z pracy, skoro i tak będą ich potrzebować następnego dnia. To błąd. Twoja torba ma nosić dla ciebie rzeczy, kiedy jesteś poza domem. Wkładasz do niej wszystko, czego potrzebujesz, dokumenty, telefon komórkowy i portfel. Nosi wszystko, nawet jeżeli jest przepełniona po brzegi. Kiedy ją odkładasz, często ociera się o ziemię, ale nie usłyszysz od niej skargi, robi co może, żeby cię wspierać. Co za oddany pracownik! Byłoby okrucieństwem nie dać jej odpocząć, przynajmniej w domu.

Bycie cały czas wypchanym, nawet gdy nie jest się w użyciu, to takie uczucie, jak pójść spać z przepełnionym żołądkiem. Jeżeli tak traktujesz swoje torby, to wkrótce będą wyglądać na znoszone i sfatygowane.

Jeżeli nie wprowadzisz zwyczaju rozpakowywania torby, istnieje większe prawdopodobieństwo, że zostawisz w środku coś, co będziesz chciała przełożyć do innej torebki. Zanim się obejrzysz, zapomnisz, co masz w każdej torbie. Nie mogąc znaleźć długopisu czy błyszczyka, zapewne kupisz nowy. Najczęstsze przedmioty znalezione w torebkach klientek podczas sprzątania pokoju to: chusteczki, monety, pomięte paragony, guma do żucia zawinięta w papierek. Istnieje niebezpieczeństwo, że mogą się wśród nich zaplątać takie ważne przedmioty, jak klucze, notatki czy dokumenty.

Codziennie opróżniaj więc torbę. To nie jest aż takie uciążliwe, jak się wydaje. Po prostu potrzebujesz zrobić miejsce dla rzeczy, które w niej się znajdują. Znajdź pudełko i włóż tam swój bilet, identyfikator firmowy i inne ważne elementy tak, aby stały pionowo. Następnie włóż pudełko do szuflady lub szafki. Nada się każde pudełko, byleby miało odpowiedni rozmiar. Albo po prostu zrób odpowiednie miejsce w szufladzie.

Wygląd jest ważny, więc jeżeli użyjesz pudełka, znajdź takie, które ci się podoba. Najlepsze miejsce na przechowywanie takiego pudełka jest tam, gdzie trzymasz torebkę.

Jeżeli nie zawsze opróżniasz torebkę, to nie szkodzi. Czasami wracam tak późno do domu, że nawet nie chce mi się pomyśleć o wymianie torebki. Tak między nami, pisząc tę książkę, miałam takie dni, że wracałam do domu i zasypiałam, nie zdejmując nawet ubrania. Najważniejsze to stworzyć przestrzeń dla torebki. Przeznacz w tym celu konkretne miejsce, w którym umieścisz wszystko, co nosisz w torebce.

To, co leży na podłodze, powinno znaleźć się w szafie

Jeżeli masz w domu wbudowane szafki albo szafy, większość rzeczy powinna być przechowywana właśnie w nich. Japońskie szafy są pod tym względem idealne. To prawdziwe garderoby. Są głębokie i szerokie, przedzielone solidnymi półkami, pojemne. Wielu Japończyków nie wie jednak, w jaki sposób wykorzystać tę przestrzeń.

Jeżeli masz podobną szafę, wykorzystaj ją w pełni. Możesz szukać jakichś genialnych sposobów na skuteczne przechowywanie rzeczy, ale tak naprawdę najtrudniej korzysta się z tego, co już jest dostępne.

Poniżej opiszę, jak najlepiej zagospodarować szafę. Po pierwsze, rzeczy pozasezonowe powinny być przechowywane w najtrudniej dostępnych miejscach. Należą do nich na przykład dekoracje świąteczne, narty, sprzęt turystyczny i pozostały sprzęt sportowy oraz sezonowy. To także świetne miejsce na trzymanie pamiątek, które nie pomieszczą się na regale, na przykład album ze zdjęciami ślubnymi albo w ogóle albumy ze zdjęciami. Nie wkładaj ich jednak do tekturowych pudełek. Postaw je na górnej półce i z przodu szafy. Inaczej już ich raczej nie zobaczysz.

Codzienne ubrania także powinny być przechowywane w szafie. Jeżeli korzystasz z plastikowych pojemników, to polecam takie, które mają kształt szuflady, a nie pudła. Po ubranie umieszczone w pudle bardzo trudno sięgać. W większości przypadków przestaje się je wyjmować, nawet gdy przychodzi odpowiednia pora roku. Pamiętaj oczywiście o złożeniu i postawieniu ubrań pionowo w szufladzie.

W japońskich domach, ze względu na klimat, pościel najlepiej trzymać na górnej półce, gdzie jest mniej narażona na wilgoć. W dolnej części szafy można przechowywać sprzęty elektryczne spoza sezonu, np. wiatraki czy grzejniki. Najlepszy sposób użytkowania szaf-garderób, to zagospodarowanie ich niczym małego pokoju i trzymanie rzeczy w szufladach albo w mniejszych pudłach. Miałam klientkę, która trzymała wszystkie swoje ubrania luzem w szafie. Kiedy otworzyłyśmy drzwi, wyglądało to jak kupa śmieci, a ubrania przypominały jeden splątany węzeł.

W szafie-garderobie można umieścić ruchome elementy do przechowywania rzeczy. To dlatego radzę wstawić tam stojaki, regały czy półki, i mówię, że mogą tam także być przechowywane książki. Często zachęcam do trzymania w szafie także większych elementów, które zabierają miejsce na podłodze, takich jak walizki, kije do golfa, urządzenia elektryczne czy gitary. Większość klientów nie wierzyło mi, że uda im się kiedykolwiek zmieścić wszystkie rzeczy w szafie, ale od kiedy zastosowali metodę KonMari, dokonując dokładnego sortowania i wyrzucania rzeczy, okazało się to całkiem proste.

Nie trzymaj nic na wannie ani na kuchennym zlewie

Iloma butelkami szamponu i odżywek otoczona jest twoja wanna? Członkowie rodziny mogą korzystać z różnych produktów albo może i ty sama korzystasz z różnych specyfików w zależności od nastroju czy regularnie wykonywanych zabiegów. Jednak sprawiają one duży kłopot w trakcie mycia wanny. Trzymane na podłodze prysznica lub na brzegu wanny stają się oślizgłe. Aby tego uniknąć, niektórzy używają drucianego koszyka, ale z mojego doświadczenia wynika, że to nie polepsza sprawy.

Kiedyś kupiłam koszyk, który pomieścił wszystkie mydła, szampony, a nawet maseczki. Mój zachwyt był krótkotrwały. Najpierw suszyłam go za każdym razem, gdy brałam kąpiel, ale wkrótce wycieranie każdego drucika stało się żmudne i z czasem zaczęłam to robić raz na trzy, potem pięć dni. Wkrótce zupełnie o nim zapomniałam. Któregoś dnia zauważyłam, że butelka od szamponu jest oślizgła od spodu. Koszyczek był cały pokryty śluzem i nie mogłam na niego patrzeć. Ze łzami w oczach wyszorowałam go do czysta, a niedługo potem wyrzuciłam. Było z nim za dużo zachodu i za każdym razem, kiedy wchodziłam do wanny i go widziałam, przypominał mi się ten paskudny epizod. Powinnam była wiedzieć, że łazienka to najwilgotniejsze miejsce w domu i najmniej odpowiednie do trzymania czegokolwiek.

Nie ma potrzeby, aby mydła i szampony były wystawione na działanie ciepła i wilgoci, kiedy z nich nie korzystamy. Pogarsza się tylko ich jakość. Trzymam więc z zasady wszystko z dala od wanny oraz prysznica. Wszystko, czego używamy w wannie powinno być osuszone po użyciu. O wiele większy sens ma więc wytarcie tych specyfików, których użyliśmy i schowanie ich do szafki. Na pierwszy rzut oka może się wydawać, że to więcej pracy, ale tak naprawdę jest jej o wiele mniej. O wiele szybciej i łatwiej czyści się wannę czy prysznic bez tych wszystkich butelek poustawianych na nich i o wiele mniej brudu gromadzi się na brzegach.

To samo odnosi się do zlewu w kuchni. Czy trzymasz gąbki, ściereczki i płyn do zmywania przy zlewie? Ja swoje trzymam pod nim. Sekret tkwi w suchej gąbce. Wielu ludzi używa drucianej suszarki na ściereczkę lub gąbkę do mycia naczyń. Radzę ci pozbyć się jej. Nie można tego wysuszyć i kapie nań woda za każdym razem, kiedy korzystasz ze zlewu. Wkrótce zaczyna też brzydko pachnieć. Aby temu zapobiec, wyciśnij ściereczkę po użyciu i powieś ją do wyschnięcia. Możesz w tym celu wykorzystać klamerkę do bielizny i przywiesić ją do suszarki. Jednakże polecam wieszanie ściereczek na dworze, na przykład na sznurze do prania.

Suszę na balkonie nie tylko ściereczki i gąbki, ale i deski do krojenia, durszlaki i sitka. Słońce jest dobrym środkiem odkażającym. Moja kuchnia zawsze wygląda schludnie i nie potrzebuję suszarki. Zresztą, nie mam jej. Kładę wszystkie naczynia do miednicy albo durszlaka i stawiam na balkonie do wyschnięcia. Mogę je umyć rano i zostawić na dworze. W zależności od pogody i miejsca zamieszkania, możesz skorzystać z mojego pomysłu.

Gdzie trzymasz olej, sól, pieprz, sos sojowy i inne przyprawy? Wiele osób trzyma je przy kuchence, ponieważ chcą je mieć blisko dla wygody. Jeżeli należysz do tych osób, mam nadzieję, że szybko zmienisz swoje postępowanie. Blat jest do przygotowywania jedzenia, a nie trzymania rzeczy. Powierzchnia blatu znajdująca się blisko kuchenki jest szczególnie narażona na kapiące jedzenie i olej, a opakowania do przypraw zwykle lepią się od oleju. Z powodu rzędów butelek trudno utrzymać w tym miejscu czystość, a blat zawsze będzie pokryty tłustą warstwą. Półki kuchenne i szafki są tym miejscem, w którym należy trzymać przyprawy.

Odkładaj je zawsze na miejsce. Często można w tym celu wykorzystać długą, wąską szufladę lub szafkę znajdującą się tuż obok kuchenki.

Udekoruj swoją szafkę tym, co lubisz najbardziej

„Nie otwieraj tego proszę!" – słyszę często od moich klientów. Zwykle jest jakaś szuflada, pudło czy szafka, której nie chcą mi pokazać. Wszyscy mamy rzeczy, które chcemy pozostawić w tajemnicy przed innymi. Należą do nich plakaty idolów muzycznych czy też inne gadżety fanów albo książki związane z naszym hobby. Plakaty te często leżą zwinięte z tyłu szafki, a płyty CD schowane w pudełku. To marnotrawstwo. Twój pokój powinien być tym jedynym miejscem, w którym możesz cieszyć się swoimi zainteresowaniami i do woli oddawać pasjom. Jeżeli coś lubisz, nie chowaj tego. Jeżeli chcesz się tym cieszyć, ale nie chcesz, żeby wiedzieli o tym znajomi, mam dla ciebie rozwiązanie. Przekształć swoją szafę w ulubiony zakątek, którego widok napawa cię radością.

Użyj skarbów, aby udekorować tylną część szafy za ubraniami albo od wewnętrznej strony drzwi.

Możesz powiesić w szafie wszystko, co jest bardziej lub mniej osobiste. Plakaty, zdjęcia, ozdoby, cokolwiek zechcesz. Nie ma ograniczeń w urządzeniu twojej przestrzeni. Nikt nie zobaczy i nikt nie będzie narzekał. Twoja szafa to mały prywatny raj, spraw więc, żeby w pełni odzwierciedlała ciebie.

Rozpakuj nowe ubrania i od razu oderwij metki

Nie przestaje zadziwiać mnie fakt, ile nierozpakowanych rzeczy trzymają moi klienci. Mogę zrozumieć, że nie wypakowuje się jedzenia czy artykułów higienicznych, ale czemu ludzie wrzucają do szuflady nierozpakowane skarpetki czy bieliznę? Zabierają o wiele więcej miejsca i łatwiej o nich zapomnieć.

Mój ojciec lubił gromadzić skarpetki. Za każdym razem, kiedy szedł do supermarketu, kupował szare lub czarne skarpetki do garniturów i trzymał je w opakowaniu. Lubił mieć pod ręką szare swetry i często znajdowałam je z tyłu szafy, w plastikowym opakowaniu. Szkoda mi było tych ubrań. Myślałam, że był to nawyk ojca, ale kiedy zaczęłam odwiedzać klientów w ich domach, zdałam sobie sprawę, że jest wielu ludzi postępujących podobnie jak on. W tych zbiorach zwykle znajduje się coś, co klient czy klientka nosi regularnie, najczęściej są to skarpetki, bielizna oraz rajstopy. Moich klientów łączy także to, że mają większe zapasy, niż potrzebują. Ze zdziwieniem odkryłam, że kupują taką samą rzecz, zanim odpakowali poprzednią. Być może właśnie nienapoczęte opakowanie powoduje, że nie traktujemy danej rzeczy jako naszej własności. Rekordowa ilość rajstop znaleziona przeze mnie u klientki to 82 pary. Opakowania wypełniały całą plastikową skrzynię.

Zakupioną rzecz najłatwiej wrzucić do szuflady. Być może jest jakaś przyjemność w zerwaniu opakowania, kiedy zakłada się coś po raz pierwszy? Jedyna jednak różnica pomiędzy nierozpakowaną rzeczą w szufladzie, a w sklepie, to miejsce w którym jest trzymana. Ludzie uważają, że taniej jest kupić większą ilość na wyprzedaży. Uważam, że jest wręcz przeciwnie. Jeżeli weźmie się pod uwagę koszt składowania, zaoszczędzisz tyle samo, gdy rzeczy będą czekały na ciebie w sklepie, a nie w domu. Kupowanie i używanie rzeczy wtedy, gdy są potrzebne daje więcej radości. To dlatego gorąco zachęcam, aby powstrzymywać się przed gromadzeniem rzeczy. Zamiast tego lepiej kupować tylko tyle, ile potrzeba, rozpakowywać je i odkładać na miejsce zaraz po zakupie. Jeżeli już masz duże zbiory, to wyjmij przynajmniej te rzeczy z opakowania. Ubrania pozostawione w opakowaniu tylko tracą na jakości.

Najczęściej nierozpakowanym ubraniem są rajstopy. Kiedy wyjmiesz je z opakowania, pozbądź się także sztywnej podkładki. Nie będzie ci potrzebna w domu. Wyjęte i złożone rajstopy zabierają o 25 procent miejsca mniej niż pozostawione w opakowaniu. Jest także większe prawdopodobieństwo, że zostaną użyte, ponieważ łatwiej się do nich dostać. Dopiero kiedy coś rozpakujesz, możesz powiedzieć, że ta rzecz do ciebie należy.

Taki sam los spotyka ubrania, którym nie obcięto metek. Często znajduję u klientek spódnice albo swetry, do których przyczepiona jest metka. W większości przypadków klientka w ogóle zapomniała o ich istnieniu i patrzy na nie z zaskoczeniem, mimo że wiszą w szafie i są na widoku. Długo zastanawiałam się, czemu takie ubrania pozostają niewidoczne. W poszukiwaniu odpowiedzi udałam się do działów z ubraniami w różnych domach towarowych.

Po jakimś czasie zdałam sobie sprawę, że jest wyraźna różnica między ubraniami w czyjejś szafie, a wiszącymi w sklepie. Te ostatnie otacza inna aura niż ubrania, które tak ciężko dla nas pracują na co dzień. Emanują pewnego rodzaju surowością, podobnie jak ubrania w domu, którym nie usunięto metki. Tak to widzę. Ubrania w sklepie to produkty, natomiast ubrania w domu, to rzeczy osobiste. Ubrania, na których pozostawiono metki, nie zostały jeszcze przez nas zaakceptowane jako nasza własność, nie należą do nas w pełni. Giną w cieniu naszych „uwłaszczonych" ubrań, więc trudno je zauważyć. To naturalne, że ignorujemy albo wręcz zapominamy o nich, przeglądając szafę.

Niektórzy martwią się, że jeżeli usuną metki, to ich wartość zmaleje, jeżeli zdecydują się je odsprzedać. Zapominają, że kupując ubrania, robili to z intencją przyjęcia ich w domu i dbania o nie, a nie pozbywania się ich w nienaruszonym stanie. Po zakupie natychmiast zdejmij metki. Aby twoje ubrania z produktu sklepowego stały się twoimi osobistymi rzeczami, musisz przeprowadzić rytuał odcięcia „pępowiny", która łączy je ze sklepem.

Nie lekceważ krzyczących napisów

Moi naśladowcy stosujący metodę KonMari, którym udało się już skutecznie rozwiązać problem nadmiaru rzeczy i sposobu ich przechowywania, oczekują zwykle od swoich mieszkań komfortu na wyższym poziomie. Na pierwszy rzut oka domy moich klientów wyglądają tak pusto, że wydaje się, że właściwie w niczym nie potrzebują już mojej pomocy.

Jedna z takich klientek, trzydziestoletnia kobieta, która mieszkała z mężem i ich sześcioletnią córką, nie miała żadnych oporów przed pozbywaniem się rzeczy. Podczas naszego pierwszego spotkania pozbyła się 200 książek i 32 worków rzeczy. Zajmowała się głównie domem, dwa razy w miesiącu gościła zaprzyjaźnione matki z dziećmi i prowadziła w domu zajęcia z układania kwiatów. Często miała gości i utrzymanie porządku w domu było dla niej bardzo ważne. Nie chciała przeżyć wstydu podczas wizyty niespodziewanych gości. Mieszkała w dwupokojowym mieszkaniu z łączoną jadalnią i kuchnią. Jej rzeczy były równiutko poukładane w szafach wbudowanych w ścianę i na dwóch stojakach. Pusta drewniana podłoga lśniła czystością. Znajome zastanawiały się, w jaki sposób mogłaby mieć jeszcze większy porządek, ale ona w dalszym ciągu była niezadowolona.

„Nie mamy wielu rzeczy, ale wciąż nie czuję się w pełni zadowolona z naszego domu. Wydaje mi się, że powinnam wykonać jeszcze jakiś krok".

Kiedy odwiedziłam ją w domu, był on wysprzątany, ale tak jak powiedziała, coś było nie tak. W takich momentach otwieram wszystkie szafy. Kiedy otworzyłam główną szafę, znalazłam to, czego się spodziewałam. Wszystkie plastikowe szuflady miały naklejki „praktyczne opakowania", odświeżacze powietrza nosiły etykiety „natychmiast odświeża powietrze", a na pudłach widniały napisy nie pozwalające nawet mieć złudzenia, że wcześniej były w nich pomarańcze. Zewsząd atakowały mnie słowa i słowa. Oto był ten ostatni krok, który potrzebowała wykonać moja klientka. Fala informacji, która zalewa cię, kiedy otwierasz szafę, sprawia, że w pomieszczeniu jest „głośno". Jest to zwłaszcza odczuwalne, jeżeli są to słowa w twoim własnym języku. Wzrok natychmiast je rejestruje, a umysł traktuje jako informacje, które trzeba posortować. W umyśle powstaje zamieszanie.

W przypadku mojej klientki, za każdym razem, gdy chciała wybrać ubranie, była atakowana takimi komunikatami, jak „pomarańcze" i „natychmiast odświeża powietrze". O dziwo, zamknięcie drzwi szafy nie hamuje przepływu informacji. Słowa stają się niczym zakłócenia w atmosferze. Z mojego doświadczenia wynika, że z szaf może dochodzić do nas „hałas", nawet jeżeli wyglądają bardzo schludnie. Przytłaczają nadmiarem informacji. Im dom jest bardziej wysprzątany, a wyposażenie bardziej minimalistyczne, tym głośniej przemawiają do nas tego typu informacje. Zacznij od usunięcia etykietek produktów z pojemników. To absolutnie konieczne, tak jak usunięcie metek z nowych ubrań, po to, żeby stały się częścią twojego domu. Zedrzyj z opakowań nadrukowaną folię, na przykład z odświeżaczy i środków czystości. Przestrzenie, których nie widać, nadal są częścią twojego domu. Eliminując nadmiar informacji wizualnych, które nie wywołują w tobie radości, sprawisz, że przestrzeń, w której mieszkasz, będzie spokojniejsza i bardziej komfortowa. Różnica jest tak ogromna, że byłaby to wielka szkoda, gdybyś nie spróbowała.

Doceń to, co masz

Jedno z zadań domowych, jakie daję moim klientom, to okazanie wdzięczności ich rzeczom. Na przykład zachęcam ich do mówienia do ubrań, które wieszają po powrocie do domu: „Dziękuję, że ogrzewałyście mnie cały dzień".

Proponuję też, żeby zdejmując biżuterię, klientki dziękowały jej za uczynienie ich pięknymi przez cały dzień, a kiedy odkładają torebkę do szafki, także podziękowały jej za towarzystwo. Wyrażaj swoją wdzięczność każdej rzeczy, która wspierała cię w ciągu dnia. Jeżeli trudno ci to robić codziennie, rób to, kiedy tylko możesz.

Zaczęłam traktować moje rzeczy, jakby były żywymi istotami, kiedy chodziłam do szkoły średniej. Byłam wtedy posiadaczką telefonu komórkowego. Chociaż ekran był czarno-biały, uwielbiałam jego kompaktowy design i bladoniebieski kolor. Nie byłam od niego uzależniona, ale tak bardzo lubiłam go, że łamałam szkolne zasady i wkładałam codziennie do kieszeni mundurka. Co jakiś czas wyjmowałam go i uśmiechałam się do siebie. Technologia posuwała się naprzód i wszyscy kupowali telefony z kolorowymi ekranami. Długo nie chciałam rozstać się z moim przestarzałym modelem, ale w końcu i on stał się porysowany i zużyty. Musiałam go zastąpić nowym modelem. Kiedy kupiłam nowy telefon, przyszedł mi do głowy pomysł wysłania SMS-a do mojego starego telefonu. To była moja pierwsza zmiana telefonu i byłam bardzo podekscytowana. Po chwili zastanowienia napisałam prostą wiadomość: „Dziękuję za wszystko" i dodałam symbol serduszka. Nacisnęłam wyślij. Mój stary telefon zadzwonił i sprawdziłam wiadomości. Był tam SMS, który wysłałam. „Super, dotarła do ciebie moja wiadomość. Naprawdę chciałam ci podziękować za wszystko, co zrobiłeś" – powiedziałam do mojego starego telefonu. Zamknęłam klapkę.

Kilka minut później z zaskoczeniem odkryłam, że ekran starego telefonu był pusty. Niezależnie jaki guzik wciskałam, ekran nie odpowiadał. Mój telefon, który ani razu nie był zepsuty, od dnia, kiedy go dostałam, padł po otrzymaniu mojej wiadomości. Już więcej nie zadziałał, tak jakby zdał sobie sprawę, że jego zadanie zostało wykonane, opuścił swoje stanowisko z własnej woli. Wiem doskonale, że wielu ludziom trudno uwierzyć, że nieożywione przedmioty reagują na ludzkie emocje, i że mógł to być tylko przypadek.

A jednak często słyszy się o sportowcach, którzy troskliwie dbają o swój sprzęt sportowy, jakby to była świętość. Myślę, że wyczuwają, jaką moc mają przedmioty. Gdybyśmy traktowali wszystkie rzeczy, których na co dzień używamy: komputer, torebkę, długopisy czy ołówki, z równą troską, co sportowcy swój sprzęt, bardziej wspierałyby nas w naszych działaniach. Akt przyjmowania czegoś jako nasze własne jest naturalną częścią naszego życia, a nie czymś zarezerwowanym na specjalny mecz czy konkurs.

Nawet jeżeli jesteśmy tego nieświadomi, nasze rzeczy naprawdę ciężko dla nas pracują i spełniają swoją rolę, wspierając nasze życie. Lubimy wracać do domu i odpoczywać po pracy, a nasze rzeczy oddychają z ulgą, gdy wracają na swoje miejsce. Czy zastanawiałaś się, jak to by było nie mieć stałego adresu? Żyłabyś w dużej niepewności. To dlatego potrzebujemy domu, do którego możemy wrócić, i który będzie na nas czekał, w czasie gdy pracujemy, robimy zakupy albo spotykamy się z innymi ludźmi. Tak samo jest z naszymi rzeczami. Potrzebują takiego samego poczucia bezpieczeństwa. Różnica jest wyczuwalna od razu. Rzeczy, które mają swoje miejsce, do którego codziennie wracają, są pełne życia.

Moi klienci nauczeni traktować swoje ubrania z szacunkiem, zawsze mówią mi: „Moje ubrania starczają na dłużej. Swetry nie mechacą się tak łatwo, nie oblewam ich też bez przerwy". To pokazuje, że dbanie o własne rzeczy jest najlepszym sposobem na zmotywowanie ich do wspierania ciebie jako właściciela. Kiedy dobrze traktujesz swoje rzeczy, zawsze ci się odwdzięczą. To dlatego od czasu do czasu zastanawiam się, czy miejsce, które im wyznaczyłam, ma dla nich znaczenie. Przechowywanie rzeczy to tak naprawdę akt dobierania im domu.

ROZDZIAŁ PIĄTY

MAGIA SPRZĄTANIA RADYKALNIE ZMIENI TWOJE ŻYCIE

Uporządkuj dom, a odkryjesz, co tak naprawdę chcesz robić

W Japonii przewodniczący szkolnej klasy to osoba, która jest popularna, posiada zdolności przywódcze i lubi się wyróżniać. Stosujemy termin „typ przewodniczącego klasowego" na określenie kogoś, kto charakteryzuje się tymi cechami. Ja z kolei jestem typem organizatora, ekscentryczką, która pracuje cichutko i dyskretnie w kącie klasy i organizuje zawartość półek. Mówię to całkiem poważnie.

Pierwszym oficjalnym zadaniem, jakie otrzymałam w szkole podstawowej, było sprzątanie. Doskonale pamiętam ten dzień. Wszyscy zgłaszali się do takich zadań, jak karmienie zwierzątek klasowych albo podlewanie roślin, a kiedy nauczycielka zapytała, kto chciałby być odpowiedzialny za organizowanie i sprzątanie klasy, nikt oprócz mnie nie podniósł ręki. Ja zrobiłam to z ogromnym entuzjazmem. Z perspektywy czasu widzę, że moje geny sprzątania uaktywniły się w tak wczesnym wieku. Z poprzednich rozdziałów wiesz już, w jaki sposób spędzałam czas w szkole. Z zadowoleniem i pewnością siebie reorganizowałam klasę, szafki i półki.

Kiedy dzielę się tą historią, ludzie często mówią: „Masz szczęście, że już od dziecka wiedziałaś, co chcesz robić. Zazdroszczę ci. Nie mam pojęcia, co sam chciałbym robić..." Jednak tak naprawdę dopiero ostatnio zdałam sobie sprawę, jak bardzo lubię organizować przestrzeń. Spędzam prawie cały swój czas na porządkowaniu, czy to uczeniu klientów w ich domach, czy na prowadzeniu wykładów. Sprzątanie stanowi nieodłączną część mojego codziennego życia, ale dopiero kiedy założyłam własną firmę, zdałam sobie sprawę, że może to być mój zawód. W przeszłości, kiedy ktoś pytał mnie, co lubię robić, wahałam się, a potem w odruchu desperacji mówiłam, że lubię czytać książki, jednocześnie usilnie zastanawiając się, co właściwie lubię. Zupełnie zapomniałam o roli organizatorki w szkole. Piętnaście lat później podczas sprzątania pokoju doznałam olśnienia. Zobaczyłam w myślach, jak nauczycielka pisze moje imię na tablicy i zaskoczona zdałam sobie nagle sprawę, że tym właśnie interesuję się od wczesnego dzieciństwa.

Pomyśl o czasach szkolnych, o tym, co sprawiało ci przyjemność. Cokolwiek to było, istnieje duże prawdopodobieństwo, że jest w jakiś sposób związane z tym, co robisz teraz. Jest wciąż częścią twojego życia, nawet jeżeli nie robisz tego w taki sam sposób. Sedno tego, co lubimy, nie zmienia się z upływem czasu. Posprzątanie domu to świetny sposób, żeby odkryć, kim jesteś.

Jedna z klientek jest moją dobrą przyjaciółką z czasów studiów. Chociaż na początku pracowała dla dużej firmy informatycznej, po ukończeniu studiów dzięki sprzątaniu odkryła, co naprawdę lubi robić. Kiedy skończyłyśmy sprzątać jej dom, spojrzała na regał, na którym teraz znajdowały się wyłącznie książki, które były jej bliskie i które ją pasjonowały. Zdała sobie sprawę, że wszystkie dotyczyły pracy socjalnej. Pozbyła się książek, które zakupiła do nauki angielskiego lub podniesienia kwalifikacji biurowych na rynku pracy, natomiast pozostały te, które wiązały się z pracą socjalną, a które kupiła jako uczennica gimnazjum. Patrząc na nie, przypomniała sobie o swojej pracy jako opiekunka do dzieci, na wiele lat przed dołączeniem do firmy informatycznej. Nagle zdała sobie sprawę, że chce wnieść swój wkład w budowanie społeczeństwa, w którym matki mogą pracować, nie martwiąc się o dzieci. Kiedy po raz pierwszy zdała sobie sprawę ze swojej pasji, rok po ukończeniu mojego kursu spędziła na studiowaniu i przygotowaniach, a następnie zwolniła się z dotychczasowej pracy i założyła działalność związaną z opieką nad dziećmi. Ma teraz wielu klientów, którzy polegają na jej usługach. Cieszy się w pełni każdym dniem i odkrywa, w jaki sposób może jeszcze ulepszać swoją firmę.

„Kiedy uporządkowałam dom, odkryłam, co naprawdę chcę robić". Często słyszę takie słowa od moich klientek. Sprzątanie pobudza większość z nich do pełnego zaangażowania się w swoją pracę. Niektórzy zakładają firmy, inni zmieniają pracę, a jeszcze inni zaczynają się bardziej interesować obecną pracą. Angażują się także w inne działania, dom i życie rodzinne. Stają się bardziej świadomi tego, co lubią, a ich codzienne życie staje się bardziej ekscytujące.

Chociaż możemy siebie poznać, analizując swój charakter lub też słuchając opinii innych na nasz temat, sądzę, że sprzątanie jest najlepszym sposobem, by to osiągnąć. Nasze rzeczy dokładnie odzwierciedlają historię podjętych przez nas decyzji. Sprzątanie pozwala na dokonanie przeglądu tego, co naprawdę lubimy.

Efektem magii sprzątania jest radykalna zmiana życia

„Dotąd wierzyłam, że liczy się dodawanie ważnych rzeczy do mojego życia, chodziłam więc na szkolenia i pogłębiałam swoją wiedzę. Jednak w trakcie twojego kursu na temat sprzątania po raz pierwszy zdałam sobie sprawę, że jeszcze ważniejsze niż dodawanie jest eliminowanie".

To była uwaga trzydziestoletniej klientki, która uwielbiała się uczyć i miała szeroką sieć kontaktów. Jej życie radykalnie się zmieniło po tym, jak wzięła udział w moim kursie. Pierwszym przedmiotem, z którym nie chciała się rozstać, był ogromny zbiór notatek i materiałów z seminariów, jednak kiedy wreszcie tego dokonała, czuła się tak, jakby z jej barków zdjęto ogromny ciężar. Po pozbyciu się niemal

500 książek, które zamierzała przeczytać kiedyś, okazało się, że codziennie otrzymywała nowe informacje. Kiedy wreszcie wyrzuciła ogromny stos wizytówek, zaczęły do niej dzwonić osoby, które chciała poznać. Przed kursem interesowała się duchowością, a po jego ukończeniu powiedziała z zadowoleniem: „Sprzątanie przynosi większy efekt niż *feng shui*, kamienie mocy czy inne ścieżki duchowe". Od tamtej pory śmiało weszła w nowe życie. Zrezygnowała z etatu i znalazła wydawcę książki.

Sprzątanie zmienia życie w sposób radykalny. Sprawdza się to w każdym przypadku i to w 100 procentach. Ten niezwykły efekt nazwałam „magią sprzątania". Czasami pytam klientów, jak po odbyciu kursu zmieniło się ich życie. Chociaż przyzwyczaiłam się już do ich odpowiedzi, na początku nawet ja byłam nimi zaskoczona. Życie tych, którzy sprzątają dokładnie i starannie, za jednym razem, zmieniło się o sto osiemdziesiąt stopni.

Klientka, o której wspomniałam wyżej, całe życie była bałaganiarą. Kiedy jej matka zobaczyła wysprzątany pokój córki, była pod tak dużym wrażeniem, że także zapisała się na mój kurs. Uważała się za osobę dbającą o czystość, ale widok pokoju córki przekonał ją, że musi jeszcze wiele zmienić w swoim życiu. Spodobało jej się pozbywanie rzeczy, bez żalu wyrzuciła nawet zestaw używany podczas ceremonii parzenia herbaty, który kosztował 250 dolarów. Z niecierpliwością oczekiwała dnia odbioru śmieci.

„Przedtem brakowało mi pewności siebie. Myślałam, że muszę się zmienić, być inna, ale teraz uważam, że jestem w porządku taka, jaka jestem. Poznając jasne zasady, według których mogę dokonywać wyboru, uwierzyłam w siebie". Jak widać w tej wypowiedzi, jednym z magicznych efektów sprzątania jest wzrost wiary w swoją zdolność podejmowania decyzji. Sprzątanie oznacza wzięcie każdej rzeczy do ręki i zadanie sobie pytania, czy wzbudza ona radość, a następnie na tej podstawie podjęcie decyzji, czy chce się ją zatrzymać. Powtarzając ten proces setki i tysiące razy, udoskonalamy nasze umiejętności podejmowania decyzji. Kiedy komuś brakuje wiary w swoje zdolności do podejmowania decyzji, nie wierzy też w siebie. Ja też nie wierzyłam w siebie. To sprzątanie mnie uratowało.

Dzięki magii sprzątania zyskasz wiarę w siebie

Dochodzę do wniosku, że moje zamiłowanie do sprzątania wzięło się z niezaspokojonej przez moich rodziców potrzeby uznania i kompleksów w stosunku do matki. Jako środkowe dziecko z trójki rodzeństwa, po trzecim roku życia nie otrzymywałam zbyt wiele uwagi od moich rodziców. Oczywiście nie było to intencjonalne działanie z ich strony, jednak nie mogłam się czuć inaczej, wepchnięta pomiędzy starszego brata a młodszą siostrę.

Moje zainteresowanie sprzątaniem zaczęło się, kiedy miałam pięć lat i jestem przekonana, że na swój sposób starałam się nie sprawiać kłopotów rodzicom, którzy byli bardzo zajęci opieką nad moim rodzeństwem. Od bardzo młodego wieku dążyłam do uniezależnienia się od innych. Chciałam też, żeby rodzice mnie zauważyli i docenili.

Kiedy tylko zaczęłam chodzić do szkoły, korzystałam z budzika, żeby wstać z łóżka przed resztą rodziny. Nie chciałam polegać na innych i trudno mi było im zaufać. Nie potrafiłam wyrażać swoich uczuć. Przerwy między lekcjami spędzałam sama na sprzątaniu, nie byłam zbytnio towarzyskim dzieckiem. Przyjemność sprawiało mi chodzenie w samotności po szkole i nadal wolę wszystko robić w samotności, w tym podróżować i robić zakupy. Przychodzi mi to naturalnie.

Trudności w tworzeniu więzi z ludźmi rekompensowałam łatwym przywiązywaniem się do rzeczy. Nie czułam się na tyle bezpiecznie, żeby pokazywać swoje słabości czy emocje innym, dlatego też mój pokój i moje rzeczy stały się dla mnie bardzo ważne. Nie musiałam przed nimi udawać niczego ani ukrywać. To rzeczy materialne i mój dom nauczyły mnie doceniać bezwarunkową miłość, a nie moi rodzice czy przyjaciele. Prawdę mówiąc, nie wierzę w siebie. Bywają momenty, kiedy jestem całkowicie zniechęcona moimi niedoskonałościami.

Mam zaufanie do mojego otoczenia, do rzeczy, które posiadam, ubrań, które noszę, domu, w którym mieszkam i ludzi w moim życiu. Całe to otoczenie, chociaż innym ludziom może wydawać się nieszczególnie interesujące, mnie satysfakcjonuje. To rzeczy i ludzie, którzy są dla mnie, każdy z osobna, bliscy i drodzy. Wspierają mnie rzeczy i ludzie, którzy przynoszą mi radość. Dzięki nim wierzę, że sobie poradzę. Chcę pomóc ludziom, którzy czują się tak jak niegdyś ja, którym brakuje pewności siebie i trudno im otworzyć serce przed innymi, dostrzec, ile wsparcia mogą otrzymać od przestrzeni, w której mieszkają i od rzeczy, które ich otaczają. To dlatego odwiedzam ludzi w domach i uczę ich, jak porządkować swoje otoczenie.

Przywiązanie do przeszłości lub lęk przed przyszłością

„Wyrzuć wszystko, co nie przynosi ci radości". Jeżeli chociaż trochę spróbowałaś tej metody, na pewno zdałaś sobie sprawę, że nie tak trudno znaleźć to, co daje ci radość. Gdy tylko dotkniesz tej rzeczy, będziesz znała odpowiedź. O wiele trudniej jest podjąć decyzję o wyrzuceniu czegoś. Znajdujemy mnóstwo powodów, żeby tego nie robić, na przykład: „Nie używałam tego wazonu przez cały rok, ale może mi się przyda", albo „To wisiorek od mojego chłopaka, kiedyś bardzo mi się podobał". Ale kiedy przyglądamy się powodom, dla których nie możemy się z czymś rozstać, są tak naprawdę tylko dwa: przywiązanie do przeszłości lub lęk przed przyszłością.

Jeżeli w trakcie procesu selekcji natrafiłaś na coś, co nie wywołuje twojej radości, ale nie możesz zdobyć się na to, żeby to wyrzucić, zatrzymaj się na chwilę i zastanów, czy trudno jest ci się tego pozbyć z powodu przywiązania do przeszłości czy może ze strachu przed przyszłością. Zadaj sobie to pytanie w stosunku do każdej problematycznej rzeczy.

Zaczniesz dostrzegać jeden z trzech wzorców w twoich relacjach z rzeczami: przywiązanie do przeszłości, pragnienie osiągnięcia stabilizacji w przyszłości lub też połączenie tych dwóch. Ważne, żeby zrozumieć, jak działa ten wzorzec, ponieważ odzwierciedla on mechanizmy, które kierują życiem każdego człowieka. Pytanie o to, co chcesz posiadać, jest tak naprawdę pytaniem o to, jak chcesz przeżyć swoje życie. Przywiązanie do przeszłości i lęk przed przyszłością nie tylko determinują to, w jaki sposób dobierasz swoje rzeczy, ale także odzwierciedlają kryteria, którymi się kierujesz, dokonując wyborów w każdym obszarze twojego życia, w tym w relacjach z ludźmi i w pracy.

Na przykład kiedy kobieta, która bardzo niepokoi się o przyszłość szuka partnera, rzadziej wybierze kogoś tylko dlatego, że się jej podoba i dobrze jej z nim. Wybierze raczej kogoś, z kim związek wydaje jej się korzystny. O wyborze tej osoby może zdecydować również z obawy, że jeżeli nie wybierze właśnie tego mężczyzny, to nie znajdzie nikogo innego. Jeżeli chodzi o wybory związane z karierą zawodową, taka osoba częściej wybierze pracę w dużej firmie, ponieważ zapewni jej to lepsze perspektywy na przyszłość lub też zdobędzie kwalifikacje, które są dla niej gwarancją znalezienia pracy, niż wybierze pracę, która sprawia jej przyjemność i którą chce wykonywać. Z kolei kobiecie, która odczuwa mocne przywiązanie do przeszłości, trudno jest zdecydować się na kolejny związek, gdyż nie może zapomnieć o partnerze, z którym zerwała dwa lata temu. Trudno jej także zdobyć się na wypróbowanie nowych metod, nawet jeżeli obecnie stosowane okazały się nieskuteczne.

Kiedy jeden z tych funkcjonujących wzorców utrudnia nam wyrzucenie rzeczy, nie widzimy tego w danym momencie naszego życia. Nie jesteśmy pewni, co by nas uszczęśliwiło ani czego szukamy. Zwiększamy niepotrzebnie nasz stan posiadania, pogrążając się fizycznie i mentalnie w zbędnych rzeczach. Najlepszym sposobem na znalezienie tego, czego potrzebujemy, jest pozbycie się tego, co jest nam zbędne. Nie musimy się wtedy uciekać do bezmyślnych zakupów czy wyjeżdżać na dalekie wyprawy. Wystarczy wyeliminować to, czego się nie potrzebuje, mierząc się z każdą posiadaną rzeczą.

Proces konfrontowania się z rzeczami i ich selekcji potrafi sprawić, że czujemy się niekomfortowo. Zmusza nas do stawienia czoła naszym niedoskonałościom i słabościom, a także bezmyślnym wyborom, które podjęliśmy w przeszłości. Wielokrotnie odczuwałam silny wstyd, konfrontując się ze swoją przeszłością w trakcie procesu sprzątania, znajdowałam kolekcję gumek zapachowych, filmów rysunkowych, ubrań, które w ogóle do mnie nie pasowały, torebek, które kupowałam, bo podobały mi się w sklepie, a które nie były mi potrzebne. Rzeczy, które posiadamy, są prawdziwe. Istnieją tu i teraz i są wynikiem wyborów podjętych w przeszłości przez nas samych. Nie należy ich ignorować czy też wyrzucać bez zastanowienia, jak gdyby wypierając się wyborów, których dokonaliśmy. To dlatego jestem zarówno przeciwniczką nadmiernego gromadzenia rzeczy, jak i bezrefleksyjnego ich wyrzucania. Dopiero kiedy po kolei stawimy czoło rzeczom, które posiadamy, i doświadczymy emocji, które w nas wywołają, możemy naprawdę docenić nasz związek z nimi.

Wobec naszych rzeczy możemy przyjąć trzy postawy: skonfrontować się z nimi teraz, skonfrontować się z nimi kiedyś w nieokreślonej przyszłości lub unikać ich do naszej śmierci. Wybór należy do nas. Osobiście uważam, że najlepiej stawić im czoło teraz. Uznając przywiązanie do przeszłości, lęk przed przyszłością i szczerze przyglądając się naszej własności, możemy zobaczyć, co jest dla nas naprawdę ważne. Proces ten jest pomocny w określeniu swoich własnych wartości, zmniejszaniu wątpliwości i poczucia dezorientacji przy podejmowaniu życiowych decyzji. Mając zaufanie do własnych decyzji i przystępując do działania z entuzjazmem i bez wahania, będziemy w stanie osiągnąć znacznie więcej. Innymi słowy, im szybciej skonfrontujesz się ze swoimi rzeczami, tym lepiej. Jeżeli masz kiedykolwiek uporządkować swój dom, zrób to teraz.

Przekonaj się, bez czego możesz się obyć

Kiedy ludzie naprawdę zaczynają sprzątać, zapełniają worek za workiem. Słyszałam od wielu moich kursantów, że porównują notatki na temat tego, ile worków wyrzucili albo co znaleźli w domu. Jak na razie rekordowa liczba wyrzuconych worków należy do pary, której udało się napełnić 200 worków na śmieci oraz wynieść 10 przedmiotów, które nie mieściły się w workach. Większość ludzi śmieje się, gdy to słyszy, i wyobraża sobie, że para ta musiała mieć bardzo duży i przestronny dom, ale się mylą. Mieszkali w domu z czteroma pokojami i poddaszem. W domu widać było nagromadzenie rzeczy, ale na pierwszy rzut oka nie wydawało się, że będzie aż tyle niepotrzebnych przedmiotów.

Jednym słowem, w każdym domu można nagromadzić takie same ilości.

Kiedy moi klienci sortują i pozbywają się rzeczy, nie zatrzymuję się w pół drogi. Średnio jedna osoba wyrzuca 20–30 worków 45-litrowych, a jedna rodzina około 70 worków. Łącznie liczba wyrzuconych worków prawdopodobnie przekroczyła 28 tysięcy, a liczba pojedynczych rzeczy doszła do miliona. Mimo tak znacznej redukcji stanu posiadania nikt nigdy się nie skarżył, że miał później z tego powodu problemy. Powód jest bardzo prosty – wyrzucanie rzeczy, które nie wzbudzają radości, nie ma żadnych negatywnych skutków. Skończywszy sprzątać, moi klienci są zadziwieni, że nie dostrzegają żadnych niedogodności w codziennym życiu. To uświadamia im, że przez ten cały czas żyli otoczeni rzeczami, których nie potrzebowali. Nie ma tutaj wyjątków. Potwierdzają to również klienci, którym na koniec została mniej niż jedna piąta rzeczy.

Nie mówię oczywiście, że moi klienci nigdy nie żałowali, że cokolwiek wyrzucili. Wręcz przeciwnie. Tobie zdarzy się to prawdopodobnie także co najmniej trzy razy w trakcie sprzątania, ale nie pozwól, aby cię to zniechęciło. Mimo że moi klienci żałowali, że wyrzucili jakąś rzecz, nigdy się nie skarżyli. Przekonali się już, że każdy problem spowodowany brakiem czegoś, może zostać rozwiązany poprzez podjęcie właściwego działania. O doświadczeniu wyrzucenia czegoś, czego nie powinni byli wyrzucić, mówią z humorem. Najczęściej przyznają ze śmiechem, że przez chwilę wydawało im się, że narobili sobie kłopotów, ale okazało, że nie jest to sprawa życia i śmierci. Taka postawa nie oznacza wcale, że z natury są optymistami albo że nie przejmują się brakiem. Raczej pokazuje, że wybór tego, co wyrzucić, zmienił ich nastawienie do życia.

Co robią, jeżeli potrzebna jest im treść dokumentów, które wcześniej wyrzucili? Po pierwsze, mniejsza liczba papierów pozwala im bez długich poszukiwań szybko zorientować się, że takiego dokumentu rzeczywiście im brakuje. Życie w bałaganie jest tak wyczerpujące, ponieważ długo musimy szukać, żeby przekonać się, czy rzecz, której potrzebujemy, w ogóle tam jest. Często, niezależnie od tego, ile byśmy szukali, i tak nie przynosi to efektu. Redukując nasz stan posiadania i trzymając dokumenty w jednym miejscu, szybko jesteśmy w stanie stwierdzić, czy mamy potrzebny dokument, czy nie. Jeżeli czegoś brakuje, możemy od razu szukać rozwiązania. Możemy poprosić o pomoc kogoś, kogo znamy, zadzwonić w odpowiednie miejsce albo sami znaleźć potrzebną informację. Kiedy już znajdziemy rozwiązanie, pozostaje nam już tylko działać. Z kolei podejmując działanie, przekonujemy się, że problem udało się zaskakująco łatwo rozwiązać.

Zamiast żyć w poczuciu frustracji spowodowanej ciągłym szukaniem, podejmujemy działanie, które często prowadzi do nieoczekiwanych rezultatów. Kiedy zaczynamy szukać gdzie indziej, może się okazać, że natrafiamy na nową informację. Kontakt ze znajomym może być okazją do pogłębienia relacji albo zostania przedstawionym komuś, kto jest dobrze zorientowany w branży. Takie powtarzające się doświadczenia uczą nas, że jeżeli podejmiemy działanie, otrzymamy potrzebną informację we właściwym momencie. Życie stanie się prostsze, kiedy przekonasz się, że rozwiązania się znajdą, nawet jeżeli ci czegoś brakuje.

To kolejny powód, dla którego moi klienci nigdy nie skarżą się z powodu wyrzucenia jakiejś potrzebnej rzeczy, a to najważniejsze. Dzięki temu, że mają za sobą wielokrotne znajdywanie i wyrzucanie rzeczy, których nie potrzebują, nie przerzucają już odpowiedzialności za podejmowanie decyzji na innych ludzi. Kiedy pojawia się problem, nie obwiniają zewnętrznych zdarzeń czy innych osób. Sami podejmują decyzje i są świadomi, że liczy się dokonanie wyboru, jakiego rodzaju działanie należy podjąć w danej sytuacji. Selekcja i eliminowanie rzeczy jest trwałym procesem podejmowania decyzji w oparciu o własny system wartości. Pozbywanie się rzeczy pozwala udoskonalić umiejętność podejmowania decyzji. Czy warto zatem zachowywać rzeczy i marnować okazję do udoskonalenia tej umiejętności? Odwiedzając klientów, nigdy w ich domu niczego nie wyrzucam. Ostateczną decyzję zawsze pozostawiam im. Gdybym to ja miała coś za nich wyrzucać, sprzątanie nie miałoby sensu. Porządkując swój własny dom, zmieniamy nastawienie do życia.

Czy witasz się ze swoim domem?

Wizytę w domu klienta rozpoczynam od przywitania się z jego domem. Siadam pośrodku domu, przyjmując postawę pełną szacunku i zwracam się w myśli do domostwa. Najpierw przedstawiam się, podając imię, nazwisko, adres i zawód, a następnie proszę o pomoc w stworzeniu przestrzeni, w której rodzina będzie mogła cieszyć się dobrym życiem. Następnie kłaniam się. To rytuał, który przebiega w ciszy i zajmuje tylko dwie minuty i zwykle wywołuje na twarzach moich klientów zdziwienie.

Zaczęłam praktykować ten zwyczaj w bardzo naturalny sposób, czerpiąc z rytuału przestrzeganego w świątyniach *shintō*. Nie pamiętam, kiedy dokładnie zaczęłam tak robić, ale przypuszczam, że skłoniło mnie do tego podobieństwo pomiędzy atmosferą pełnego napięcia oczekiwania w momencie, w którym klient otwiera drzwi, a nastrojem, który panuje, kiedy przechodzi się przez bramę świątynną i wkracza do świętego miejsca. Zauważyłam, że praktykowanie tego rytuału przyspiesza znacznie tempo, w jakim dokonuje się sprzątanie domu.

Dodam także, że do sprzątania nie zakładam dresów czy ubrań roboczych. Wkładam sukienkę i żakiet. Czasem nakładam na to fartuch, ale przedkładam dobry wygląd nad stronę praktyczną. Niektórzy klienci są zaskoczeni i zaniepokojeni, że mogę sobie zniszczyć ubranie, jednakże dla mnie przesuwane mebli, wspinanie się na blat kuchenny czy też wykonywanie tego typu czynności w reprezentacyjnym stroju, nie jest żadnym problemem. Pragnę w ten sposób okazać szacunek domowi i jego zasobom. Uważam, że porządkowanie jest ceremonią, szczególnym pożegnaniem z rzeczami, które go opuszczą, ubieram się więc stosownie do okazji. Jestem przekonana, że szacunek, jaki okazuję poprzez strój, w którym przychodzę do domu i rozpoczynam powitaniem proces jego sprzątania, zapewni mi jego przychylność. Dom wskaże mi, czego rodzina już nie potrzebuje i gdzie umieścić pozostałe rzeczy, aby domownicy mogli mieszkać wygodnie i szczęśliwie. Taka postawa przyspiesza proces podejmowania decyzji na etapie rozmieszczania rzeczy i eliminuje wątpliwości napływające w czasie sprzątania, dzięki czemu cały proces przebiega bez zakłóceń.

Trudno wyobrazić sobie, że samemu można to zrobić. Może sądzisz, że trzeba być profesjonalistą, takim jak ja, żeby usłyszeć, co ma do powiedzenia dom. Okazuje się jednak, że to właściciel jest w stanie zrozumieć najlepiej swoje rzeczy i dom. W miarę procesu uczenia się, moi klienci zaczynają dostrzegać, czego potrzebują się pozbyć i gdzie należy umieścić pozostałe rzeczy. Sprzątanie przebiega szybko i sprawnie. Istnieje jedna, niezawodna metoda na to, żeby szybko wyćwiczyć umiejętność rozróżniania tego, czego potrzebujesz i gdzie powinny leżeć twoje rzeczy: witaj się ze swoim domem za każdym razem, kiedy do niego wracasz. To pierwsze zadanie domowe, jakie daję moim klientom podczas lekcji indywidualnych. Podobnie jak witasz się z rodziną czy zwierzęciem, powiedz swojemu domowi: „Witaj, już jestem!". Jeżeli zapomnisz o tym w momencie wejścia do domu, to podziękuj mu później za dawanie ci schronienia. Jeżeli onieśmiela cię mówienie tych rzeczy na głos, to możesz je wypowiedzieć po cichu w myślach.

Powtarzając ten gest, poczujesz, jak dom ci odpowiada. Otoczy cię on swoją radością jak łagodny powiew wiatru. Stopniowo zacznie wskazywać ci, gdzie chciałby, abyś posprzątał i ułożył rzeczy. Rozmawiaj ze swoim domem w trakcie sprzątania. Wiem, że brzmi to całkowicie niepraktycznie, jednak jeżeli pominiesz ten krok, zadanie okaże się o wiele trudniejsze.

W swojej istocie sprzątanie powinno być aktem przywracania stanu równowagi między ludźmi, rzeczami a domem, w którym mieszkają. Konwencjonalne podejście do sprzątania skupia się wyłącznie na relacjach między ludźmi a ich rzeczami. Większość z nas nie zwraca uwagi na dom. Ja jednak jestem przekonana o jego niezwykle istotnej roli, gdyż odwiedzając klientów, wyczuwam głębokie przywiązanie domu do swoich mieszkańców. Czeka on na powrót właścicieli i jest gotowy dawać im schronienie i ochronę. Niezależnie od tego, jak byliby zmęczeni po długim dniu pracy, ofiarowuje im wypoczynek i ukojenie. Przyjmuje ich takimi, jacy są, również w chwilach, gdy nie chce się im nic robić i snują się nieubrani. Nie znajdziesz większej hojności i serdeczności. Sprzątanie to szansa na okazanie domowi naszej wdzięczności za wszystko, co dla nas robi.

Wypróbuj moją teorię i postaraj się przywrócić twojemu domowi porządek, patrząc z perspektywy tego, co by go uszczęśliwiło. Zaskoczy cię łatwość, z jaką przyjdzie ci podejmować decyzje.

Twoje rzeczy chcą ci pomóc

Spędziłam ponad pół życia myśląc o porządkowaniu. Oglądam domy innych ludzi i spędzam czas na konfrontowaniu się z ich rzeczami. To chyba jedyny taki zawód, który pozwala zobaczyć cały stan posiadania danej osoby i całą zawartość szaf i szuflad. Chociaż odwiedziłam już wiele domów, nikt nie ma zorganizowanych rzeczy w dokładnie taki sam sposób. Wszystkie rzeczy łączy jedno. Pomyśl o tym, dlaczego masz akurat te rzeczy. Jeżeli odpowiesz: „Dlatego, że je wybrałam", albo: „Bo ich potrzebuję", lub wreszcie: „Bo tak się złożyło", to każda z tych odpowiedzi będzie prawidłowa. Jedno jest pewne: wszystkie rzeczy, jakie posiadasz, chcą być użyteczne. Mogę to stwierdzić, gdyż miałam w rękach setki tysięcy rzeczy.

Kiedy tylko prześledzimy dokładnie ciąg zdarzeń, które prowadzą nas do rzeczy będących w naszym posiadaniu, odkryjemy, jak bardzo jest niezwykły. Wyobraźmy sobie taką zwykłą koszulę. Nawet jeżeli jest to produkt masowy, właśnie przez ciebie określonego dnia ta konkretna koszula została kupiona i przyniesiona do domu. Jest związana z tobą w szczególny sposób. Los, który przyprowadził nas do każdej z naszych rzeczy, jest tak wyjątkowy jak przeznaczenie, które łączy nas z ludźmi w naszym życiu. Istnieje powód, dla którego każda z twoich rzeczy trafiła właśnie do ciebie. Kiedy dzielę się moimi przemyśleniami, niektórzy mówią: „Tak bardzo zaniedbałem moje ubranie, że jest pogniecione. Pewnie jest na mnie wściekłe", lub: „Jeżeli nie będę go nosił, to rzuci na mnie urok". Nigdy jednak nie spotkałam się z tym, żeby jakaś rzecz miała coś za złe swojemu właścicielowi. Takie myśli są wywołane przez poczucie winy właściciela, a nie przez rzeczy. Co więc właściwie czują rzeczy, które nie wywołują naszej radości? Myślę, że po prostu chcą odejść. Kiedy tak leżą samotnie w szafie, zdają sobie sprawę, że nie są dla ciebie teraz źródłem radości.

Wszystko, co posiadasz, chce być ci użyteczne. Nawet jeżeli coś spalisz lub wyrzucisz, ta rzecz pozostawi za sobą pragnienie bycia użyteczną. Z fizycznej formy uwalnia się wtedy energia, która daje innym rzeczom znać, że jesteś kimś wyjątkowym i wróci do ciebie w postaci rzeczy, która będzie najbardziej użyteczna dla takiej, jaka jesteś w tej chwili i przyniesie ci szczęście. Ubranie może wrócić w postaci nowego i pięknego stroju, a może informacji czy nowej znajomości. Obiecuję, że cokolwiek wypuścisz, wróci do ciebie w dokładnie takiej samej ilości, ale tylko wtedy, kiedy odczuje chęć rewanżu. To dlatego wyrzucając coś, nie wzdychaj i nie stwierdzaj, że nigdy nie wykorzystałeś tej rzeczy czy też że przykro ci, że jej nie użyłaś. Odeślij ją z radością i pożegnaj słowami: „Dziękuję, że mnie odnalazłaś", lub: „Dobrej podróży i do zobaczenia wkrótce!".

Pozbądź się rzeczy, które nie wywołują w tobie radości. Urządź im ceremonię pożegnania i wypraw je w daleką podróż. Świętuj tę okazję. Wierzę, że rzeczy są szczęśliwsze, kiedy się z nimi rozstajesz, niż kiedy je pierwszy raz otrzymałaś.

Przestrzeń życiowa wpływa na twoje ciało

W trakcie procesu sprzątania wielu klientów zauważa, że stracili na wadze albo że mają bardziej naprężone mięśnie. To dziwne zjawisko, ale kiedy redukujemy to, co posiadamy, odtruwamy nasz dom, co wpływa uzdrawiająco także na nasze ciało.

Kiedy wyrzucamy coś za jednym zamachem, co oznacza niekiedy wyrzucenie jednego dnia 40 worków śmieci, nasze ciała reagują, jakby były poddane działaniu postu. Może nawet wystąpić biegunka czy wysypka. Nie należy się wtedy niepokoić. Nasze ciała pozbywają się w ten sposób nagromadzonych latami toksyn, a za dzień lub dwa wrócą do formy lub też będą jeszcze w lepszym stanie. Jedna z moich klientek oczyściła szafę i pawlacz, które zaniedbywała przez 10 lat. Niedługo potem doświadczyła silnego napadu biegunki, po którym poczuła się o wiele lżej. Wiem, że stwierdzenie, że porządkowaniem można doprowadzić do utraty wagi albo poprawy cery, brzmi jak chwyt reklamowy, ale nie musi ono wcale odbiegać od rzeczywistości. Niestety, nie mogę zaprezentować ci zdjęć moich klientów sprzed kursu i po nim, jednak na własne oczy widziałam, jak po wysprzątaniu pokoju zmienia się ich wygląd. Mają szczuplejszą figurę, promienną cerę i oczy.

Kiedy rozpoczęłam moją działalność, intrygowało mnie to zjawisko. Po dokładnym zastanowieniu, zdałam sobie sprawę, że nie jest to nic dziwnego. Wyjaśniłabym to następująco.

Kiedy udaje nam się posprzątać dom, powietrze staje się bardziej rześkie i czyste. Ograniczenie ilości rzeczy sprzyja zmniejszeniu ilości kurzu, bo częściej go usuwamy. Kurz i brud staje się bardziej widoczny na pustej podłodze i częściej chcemy go usunąć. Ponieważ wyeliminowany został nadmiar, czyszczenie jest znacznie łatwiejsze, i wykonujemy je o wiele dokładniej. Świeże powietrze w pokoju z pewnością jest zdrowsze dla skóry. Sprzątanie sprzyja energicznym ruchom i przyczynia się do utraty wagi i utrzymania formy. W uporządkowanej przestrzeni nie musimy się martwić sprzątaniem i możemy skupić się na kolejnych ważnych sprawach w naszym życiu. Większość ludzi chce mieć dobrą, szczupłą sylwetkę i być sprawnymi i na tym się skupiają. Zaczynają chodzić na dłuższe dystanse i mniej jeść. Działania te wpływają na utratę wagi bez podejmowania świadomej diety.

Jednak efekt sprzątania polega moim zdaniem na tym, że ludzie poznają, co to zaspokojenie. Po zakończeniu sprzątania klienci mówią mi, że ich pragnienia się zmniejszyły. W przeszłości nie byli usatysfakcjonowani niezależnie od tego, ile ubrań mieli i wciąż chcieli czegoś nowego. Od kiedy zatrzymują tylko to, co naprawdę kochają, mają poczucie, że mają wszystko, czego im potrzeba.

Gromadzimy rzeczy materialne z tego samego powodu, co jemy – żeby zaspokoić swoje pragnienia. Kompulsywne zakupy, przejadanie się i upijanie to sposoby na złagodzenie stresu. Obserwując moich klientów, zauważyłam, że kiedy pozbywają się nadmiaru ubrań, sami stają się szczuplejsi, a kiedy pozbywają się książek i dokumentów, zyskują większą jasność umysłu. Zredukowanie ilości kosmetyków oraz uporządkowanie przestrzeni wokół zlewu i wanny wpływa na rozjaśnienie cery i wygładzenie skóry. Nie mogę wprawdzie podeprzeć tej teorii badaniami naukowymi, jednak fascynuje mnie to, jak żywo reagują te części ciała na uporządkowanie przestrzeni. Czyż to nie wspaniałe, że dzięki wysprzątanemu domowi możesz zyskać poprawę urody i zdrowsze oraz smuklejsze ciało?

Sprzątanie sprzyja szczęściu

Ze względu na popularność *feng shui* wiele osób pyta mnie, czy sprzątanie przyniesie im szczęście. *Feng shui* to metoda przyciągania szczęścia poprzez organizację swojego otoczenia. W Japonii zyskało na popularności około 15 lat temu i jest obecnie dobrze znane. Wielu ludzi właśnie dzięki *feng shui* zaczyna się interesować organizowaniem i sprzątaniem swojego domu. Nie jestem ekspertką od *feng shui*, jednak w ramach badań nad sprzątaniem zapoznałam się z jego podstawami. Niezależnie od tego, czy wierzysz w możliwość przyciągnięcia szczęścia, czy nie, warto wiedzieć, że już od czasów starożytności Japończycy stosowali wiedzę dotyczącą *feng shui* i zasad organizowania przestrzeni w swoim codziennym życiu. Ja także stosuję wiedzę przodków w mojej praktyce sprzątania. Na przykład układam i ustawiam ubrania w szufladzie według ich koloru w kolejności od ciemnych do jasnych barw. Prawidłowe ułożenie ubrań to jaśniejsze z przodu szuflady, a ciemniejsze z tyłu. Nie wiem czy powoduje to przypływ szczęścia, ale ubrania ułożone według gradacji koloru nastrajają pozytywnie, kiedy tylko otworzy się szufladę. Z jakiegoś powodu jaśniejsze ubrania ułożone z przodu działają na nas uspokajająco. Jeżeli uda ci się tak zorganizować swoją przestrzeń życiową, żeby mieszkało ci się komfortowo i żebyś każdy dzień zaczynała pełna energii i radości, to czyż nie jest to uśmiech fortuny?

Feng shui opiera się na koncepcji dualnych sił *yin* i *yang* oraz pięciu żywiołów (metalu, drewna, wody, ognia i ziemi). Podstawowa zasada brzmi, że wszystko ma swoją własną energię i każda rzecz powinna być traktowana zgodnie ze swoim charakterem. Wydaje mi się to całkowicie naturalne. Filozofia *feng shui* polega na życiu w zgodzie z zasadami natury. Moje podejście do sprzątania jest dokładnie takie samo. Dla mnie prawdziwym celem sprzątania jest życie w stanie jak najbardziej zbliżonym do naturalnego. Czy sądzisz, że posiadanie rzeczy, których nie kochamy ani nie potrzebujemy, jest stanem naturalnym? Wierzę, że posiadanie jedynie tego, co kochamy i czego potrzebujemy, jest najbardziej zbliżone do stanu natury.

Przez uporządkowanie naszego domu, możemy właśnie osiągnąć taki stan. Wybierajmy rzeczy, które dają nam radość i pielęgnujmy to, co w naszym życiu naprawdę cenne. Nic nie przyniesie nam większego szczęścia niż coś tak prostego i naturalnego. Jeżeli to właśnie jest dar fortuny, to jestem przekonana, że uporządkowanie domu jest najlepszą do niego drogą.

Jak rozróżnić to, co naprawdę cenne

Po tym, jak klient lub klientka zakończyli proces selekcji tego, co chcą zatrzymać, a co wyrzucić, wyciągam czasem kilka rzeczy z kupki „do zatrzymania" i pytam ponownie: „Czy na pewno ta koszulka lub ten sweter nie wzbudzają w tobie radości?".

Klient patrzy na mnie wtedy zaskoczony i mówi: „Skąd wiedziałaś? To właśnie są rzeczy, co do których nie mogłem się zdecydować, czy je zatrzymać, czy wyrzucić".

Nie jestem znawczynią mody ani nie wybieram tych rzeczy na podstawie ich wyglądu. Poznaję po wyrazie twarzy klienta, po tym jak trzyma w rękach rzecz, po tym czy w jego oczach pojawia się błysk, po szybkości, z jaką podejmuje decyzję. Reakcja jest zupełnie inna w przypadku rzeczy, które lubi, a co do których nie ma pewności. Kiedy styka się z czymś, co daje radość, decyzja klienta jest natychmiastowa, dotyk delikatny, a w oczach pojawia się błysk. Kiedy natrafia na coś, co nie daje mu radości, ręce zastygają na chwilę, głowa przechyla, a brwi marszczą. Po chwili zastanowienia dorzuca rzecz na kupkę „do zatrzymania". Widzę jak marszczy brwi i zaciska usta. Radość objawia się w ciele i nie pozwalam tym oznakom fizycznym umknąć mojej uwadze.

Potrafię stwierdzić, które rzeczy nie wzbudzają radości w sercach klientów nawet na nich nie patrząc. Zanim odwiedzę ich w domu, udzielam im prywatnej lekcji na temat „metody sprzątania KonMari". Już sam wykład niekiedy wpływa na nich bardzo silnie i często, kiedy odwiedzam ich pierwszy raz, już mają za sobą początki sprzątania.

Jedna z moich wzorowych uczennic, trzydziestoletnia kobieta, zdołała przed moim przyjściem wyrzucić już 50 worków śmieci. Otworzyła szuflady i szafę, z dumą oświadczając, że nie ma już niczego więcej do wyrzucenia. Jej pokój z pewnością wyglądał inaczej niż na zdjęciach, które mi pokazała. Sweter, którym przedtem leżał na komodzie, był odłożony na miejsce, sukienki, które przedtem były ściśnięte na wieszaku, teraz wisiały równiutko obok siebie. Mimo to wyciągnęłam brązowy żakiet i beżową bluzkę. Wyróżniały się na tle pozostałych ubrań, które zdecydowała się zatrzymać. Były w dobrym stanie i wyglądały, jakby były używane.

„Czy naprawdę dają ci radość?" – zapytałam.

Wyraz jej twarzy natychmiast się zmienił. „Podoba mi się bardzo krój tego żakietu, ale tak naprawdę chciałam czarny. Nie mieli czarnego w moim rozmiarze. Ponieważ nie mam brązowego żakietu, pomyślałam, że kupię taki, jednak wcale tak dobrze na mnie nie leżał i miałam go na sobie zaledwie kilka razy.

Jeżeli chodzi o bluzkę, to podobały mi się krój i materiał, więc kupiłam dwie. Nosiłam pierwszą dopóki się nie zniszczyła, ale potem z jakiegoś powodu nie chciałam nosić podobnej".

Nie wiedziałam nic o stosunku swojej klientki do tych rzeczy ani nie znałam okoliczności ich zakupu. Przyjrzałam się jednak dokładnie ubraniom wiszącym w jej szafie, bo kiedy przyjrzysz się czemuś z bliska, można zauważyć wpływ uczuć i emocji właściciela na rzeczy. Podobnie jak wpływ emocji na ludzi.

Miłość, którą kobieta jest obdarzana przez swojego mężczyznę, pewność siebie, którą daje jej miłość i wysiłek, jaki wkłada w to, żeby wyglądać pięknie, wypełniają ją niesamowitą energią. Ma promienną cerę, blask w oczach i wygląda coraz piękniej. Podobnie rzeczy, które są kochane przez właściciela i traktowane z troską, są pełne energii i chęci służenia swojemu właścicielowi. Rzeczy, które pielęgnujemy, promienieją. To dlatego od razu jestem w stanie stwierdzić, czy coś naprawdę przynosi radość. Autentyczne emocje mieszkają w ciele i w rzeczach właściciela. Nie da się ich ukryć.

Szczęśliwi ludzie są otoczeni rzeczami, które dają im radość

Każdy z nas posiada rzeczy, które kocha i z którymi za nic by się rozstał, nawet jeżeli inni ludzie na ich widok kręcą głową z niedowierzaniem. Rzeczy, które dla moich klientów okazują się najcenniejsze są bardzo różne – zestaw 10 pacynek z jednym okiem, zepsuty budzik, kolekcja „czegoś", która wygląda jak ze śmietnika. Kiedy tylko pytam z wahaniem, czy ta rzecz naprawdę wzbudza ich radość, słyszę entuzjastyczne „tak". Nie mogę spierać się ze spojrzeniem pełnym pewności siebie i błyskiem w oku, ponieważ sama mam taką rzecz: koszulkę Kiccoro.

Kiccoro (leśne dziecko) było jedną z dwóch oficjalnych maskotek na targi Aichi Expo 2005, podczas których promowano miłość do ziemi i technologie przyjazne środowisku oparte na surowcach odnawialnych. Być może bardziej znana jest większa maskotka Moriozo. Kiccoro to kumpel Morizo, mały, zielony i pulchny ludek. Na mojej koszulce widnieje tylko twarz Kiccoro. Cały czas chodzę w niej po domu. To jedna z tych rzeczy, z którymi nie potrafię się rozstać, nawet kiedy ludzie śmieją się ze mnie i pytają, jak mogę to nadal trzymać. „Nie zawstydza cię to? To takie niekobiece. Jak możesz to nosić? Powinnaś ją wyrzucić".

Pragnę podkreślić, że ubrania, które noszę po domu, są zwykle ładne i podkreślające kobiecość, zazwyczaj bawełniane koszulki. Jedynym wyjątkiem jest moja koszulka Kiccoro. Wygląda intrygująco: ma seledynową barwę, pasującą do oczu Kiccoro. Metka wskazuje wyraźnie, że jest to rozmiar dziecięcy. Expo odbyło się w 2005 roku, a ja noszę ją od ponad ośmiu lat, mimo że nie mam żadnych sentymentalnych wspomnień związanych z samym wydarzeniem. Na sam widok tego, co tu napisałam, czuję zażenowanie, że nie mogę się rozstać z taką rzeczą, a jednak kiedykolwiek ją widzę, wiem, że za nic jej nie wyrzucę. Serce bije mi mocniej na sam widok oczu Kiccoro.

Zawartość mojej szuflady jest tak zorganizowana, że jeden rzut oka wystarczy, żeby wiedzieć, co jest w środku. Ta koszulka wyraźnie odstaje od moich eleganckich, kobiecych ubrań, co tylko sprawia, że jest mi jeszcze droższa. Jest już tak stara, że powinna być wyciągnięta, bez kształtu i poplamiona, ale tak nie jest. Nie mam więc nawet pretekstu, żeby się jej pozbyć. Informacja na metce, że została wyprodukowana w innym kraju, mimo że były to japońskie targi, powinna mi zepsuć całą przyjemność, a jednak nie jestem w stanie jej wyrzucić.

Są pewne rzeczy, których uparcie się trzymamy. Jeżeli możesz bez cienia wahania powiedzieć: „To mi się naprawdę podoba!", niezależnie od tego, co mówią inni, i jeżeli lubisz siebie dzięki tej rzeczy, słuchaj tylko siebie. Tak naprawdę to niekoniecznie chcę, żeby ktokolwiek oglądał mnie w mojej koszulce Kiccoro. Ale trzymam ją, bo daje mi takie małe chwile radości. Zawsze chichoczę, gdy wyciągam ją z szuflady i czuję zadowolenie, kiedy Kiccoro i ja w pocie czoła sprzątamy i zastanawiamy się, co tu zaatakować jako następne.

Radość z bycia otoczonym przez rzeczy, które się kocha, jest ogromna. A ty chciałabyś spróbować? Potrzebujesz jedynie pozbyć się rzeczy, które nie poruszają twojego serca. To najprostsza droga do zadowolenia. Jak nie inaczej można by to określić, jeśli nie magią sprzątania?

Prawdziwe życie zaczyna się po doprowadzeniu domu do porządku

Chociaż cała ta książka poświęcona jest sprzątaniu, nie jest ono tak naprawdę konieczne. Nie umrzesz z powodu nieporządku, a na całym świecie jest wielu ludzi, którym nie zależy na uporządkowaniu swojego otoczenia. Tacy ludzie nigdy nie sięgną po tę książkę. Ciebie natomiast los doprowadził do sięgnięcia po nią, co oznacza, że prawdopodobnie jest w tobie głębokie pragnienie zmiany obecnej sytuacji, wprowadzenie zmian w swoim życiu i osiągnięcia szczęścia. Z tego właśnie powodu gwarantuję, że będziesz w stanie zaprowadzić porządek w swoim domu. Pierwszy krok już za tobą – w chwili sięgnięcia po tę książkę z zamiarem uporządkowania swojego domu. Jeżeli doczytałaś ją do tego momentu, wiesz, co robić dalej.

Ludzie są w stanie zajmować się ograniczoną liczbą rzeczy naraz. Ja jestem leniwa i zapominalska i nie umiem dbać o zbyt wiele rzeczy. To dlatego chcę właściwie troszczyć się o rzeczy, które kocham i to właśnie dlatego tak wielki nacisk w moim życiu położyłam na sprzątanie. Uważam jednak, że najlepiej jest posprzątać szybko i mieć to z głowy. Dlaczego? Dlatego, że sprzątanie nie jest celem życia.

Jeżeli sądzisz, że sprzątanie to coś, co powinno być robione codziennie albo coś, co będzie trzeba robić przez resztę życia, czas się ocknąć. Zaręczam, że sprzątanie można przeprowadzić szybko i dokładnie, i to za jednym zamachem. Jedyne, co będziesz musiała dalej robić, to stale dokonywać wyboru, co zatrzymać, co wyrzucić oraz dbać o rzeczy, które zdecydujesz się zatrzymać. Możesz uporządkować swój dom teraz i to raz na zawsze. Jedyni ludzie, którzy będą musieli spędzić całe życie, rok po roku, nad rozmyślaniem o sprzątaniu, to ci, którzy znajdują w tym radość, a sprzątanie jest dla nich drogą do uczynienia świata lepszym. Ty natomiast możesz skupić się na tym, co przynosi tobie radość i co jest spełnieniem twojej życiowej misji. Jestem przekonana, że zaprowadzenie porządku w twoim domu pomoże ci znaleźć misję, która przemówi do twojego serca. Życie naprawdę zaczyna się, kiedy doprowadzisz swój dom do porządku.

POSŁOWIE

Któregoś dnia obudziłam się, a moja szyja i ramiona były całkowicie zesztywniałe. Nie mogłam wstać i musiałam wezwać karetkę. Chociaż przyczyna tego, co się stało, nie była w pełni jasna, poprzedni dzień spędziłam w domu klientki, sprawdzając górną część szafy i przesuwając ciężkie meble. Ponieważ nie robiłam nic innego, nasuwał się wniosek, że za dużo sprzątałam. Byłam pewnie jedyną na świecie pacjentką, która w swojej karcie medycznej miała zapisane „za dużo sprzątania". Kiedy tak leżałam w łóżku i odzyskiwałam sprawność kręgosłupa, 90 procent moich myśli pochłaniało sprzątanie. To doświadczenie nauczyło mnie doceniać umiejętność zaglądania do wysoko zawieszonych szafek.

Napisałam tę książkę, gdyż chciałam podzielić się magią sprzątania. Emocjami, jakie budzą się we mnie, gdy odsyłam rzeczy, które spełniły swój cel, podobnymi do tych, które odczuwa się, odbierając dyplom. Tym dreszczykiem emocji, kiedy rzeczy odnajdują swoje właściwe miejsce. I wreszcie, tym świeżym powiewem, który wpada do pokoju tuż po tym, jak został posprzątany – oto co zwykły dzień, w którym nie dzieje się nic szczególnego, czyni jaśniejszym.

Chciałabym skorzystać z okazji i podziękować tym wszystkim, którzy wspierali mnie w napisaniu tej książki, wmnie, która potrafi tylko sprzątać – panu Takahashi z wydawnictwa Sunmark Publishing, mojej rodzinie, moim rzeczom i mojemu domowi. Mam nadzieję, że odkrywając magię sprzątania, coraz więcej osób doświadczy radości, jaką daje życie w otoczeniu rzeczy, które się kocha.

Marie Kondo (KonMari)

Książkę wydrukowano na papierze
Amber Volume 90 g/m²

Amber
BY ARCTIC PAPER

www.arcticpaper.com

MUZA SA
00-590 Warszawa
ul. Marszałkowska 8
tel. 22 6211775
e-mail: info@muza.com.pl
Dział zamówień: 22 6286360
Księgarnia internetowa: www.muza.com.pl

Warszawa 2015
Wydanie I

Skład i łamanie: MAGRAF s.c., Bydgoszcz
Druk i oprawa: Opolgraf SA, Opole